くまさんのこだわりシネマ社会学

好井裕明 著
Yoshii Hiroaki

晃洋書房

はじめに――「映画を読み解く社会学」への招待

社会学的想像力の豊かな源泉としての映画

大学のゼミで卒業論文執筆計画を尋ねると、多くの学生が答えることがあります。「アンケート調査をします」。ではどのようなアンケートを考えていますかとさらに問うと、その多くはテレビのワイドショーでよく見かける〝新橋駅前でサラリーマン一〇〇人に聞きました〟類のものなのです。受講者数の多い授業で協力を得ます。サークルの知り合いに協力してもらいます、等々。確かに社会学は世の中を調べる学問であり、調査は必要な営みです。ただこうした形のアンケートは一定の傾向は見ることができるとしても残念ながら統計的に意味がある社会調査だとは言えないのです。

「あなたの問題関心やテーマを追求するうえで、そのアンケートは絶対やらないといけないの？」とさらに問うと、彼らの多くは答えに詰まってしまいます。つまり自分が卒論で何を調べたいのか、何を追求したいのかなど、各自の問題関心をめぐり社会学的な想像力を十分に働かせ深めないままに、いわば〝アンケートをすれば社会学になるのだ〟という平板で硬直した社会学理解に彼らが囚われてしまっているのです。

「まずは、アンケートをしようと決める前に自分の問題関心をよく考え直し、卒論で何を明らかにしたいのかをじっくりと今一度考え直してみてください。」いつも私はこうアドバイスしています。

ところで社会学的想像力とは何でしょうか。もちろん専門的に語れば、その内容を深く説明することはできます。ただ私は端的にこう定義しています。社会学的想像力とは、私たちの日常生活を批判する力だと。日常生活を批判する力はどのようにすれば鍛えられるのでしょうか。そのやり方はまさにさまざまであり、社会学はこれまでそのための理論や方法を数多く創造してきています。

そしてこの本では社会学的想像力の豊かな源泉として映画を考え、日常生活を批判する力を鍛える営みとして「映画を読み解く社会学」を勧めています。

なぜ映画なのでしょうか。映画はフィクションであり、現実それ自体ではありません。一定の時間楽しめる大衆娯楽でもあり、優れた芸術作品でもあるのです。そしてそれは同時に日常に孕まれたさまざまな問題やより大きな社会問題、自己のありようや他者との繋がりなどを考えることができる魅力あふれるテキストなのです。私は、映画それ自体に焦点をあて、そこで展開される相互行為や人間関係、言葉のやり取りやカテゴリー化の様相などが作品の世界の中でどのような意味を持っているのかを解読する〝内から〟映画を読み解く社会学があってもいいなと思っています。なぜなら私たちは、映画を視聴することで、常識的規範や理解を確認するだけの冗長で退屈な社会学テキストや専門書を何冊読んでも得られない驚きや直観、センスを得ることができるからです。

私はかつてある映画と出会い、深い感動を覚え、「映画を読み解く社会学」を思いつきました。まずはその映画から、このテキストを始めたいと思います。

「フリークス（ひとでなし）」はどっちだ――『フリークス』

『フリークス』（トッド・ブラウニング監督、一九三二年）。かつては自主上映会などでしか見られなかったカルト映画です。今はＤＶＤ化されすぐに見ることができます。私は「差別の社会学」を講義していますが、そこで必ずこの作品を受講生たちに見せます。

多様な障がいをもつ人々が芸人として生きるサーカスの世界。主人公は小人のハンス。同じ障がいをもつフリーダという婚約者がいながら、彼は空中ブランコ乗りの「美女」クレオパトラ（クレオ）に魅かれていくのです。彼女はヘラクレスという「豊かな肉体」をもつ別の男性と関係を結びながら、ハンスの純粋な想いを利用し貢がせていくのです。ハンスに応えるようにふるまいながらも、本心まったくその気はなく彼の想いをもてあそぶクレオ。クレオをめぐり性的な冗談で盛り上がる「健常」の男たち。「お前たちに女性を愛する資格はない」と本気で怒るハンス。それを見て、さらにハンスをからかう「健常」の男たち。「美」の象徴としてのクレオパトラ、「健常なる肉体」の象徴としてのヘラクレス。障がい者をまともに見ず、嘲笑する男たち。一方、芸人としての力を認め、同じ仕事をする者として彼らと暮らす道化師の男や女性たち。映画では、こうした人間たちの世界がくっきりと際立つように描かれていきます。

他方、両手足がない男性が、口と顔を使って、マッチを取り出し、タバコに火をつけるしぐさなど、特に障がいがある人々のふだんのしぐさが、映画の中で、とても自然な形で登場しています。監督のトッド・ブラウニングは若い頃サーカスで働いた経験をもっています。おそらくはそこで得たさまざまな体験が、より自然に、しかもしっかりとしたたかに生きている感じが伝わるような障がいを持つ人々の描き方に反映されているのでしょう。象徴的なシーンを一つあげてみます。

胴体で繋がっている若い姉妹。道化師フロゾが結婚する姉を祝福し、妹と親しく語っています。その姿を見て「あんな道化師などと親しく話して」と姉に嫉妬をする夫。「違うわ」と姉。「私と話してただけ」と妹。「だまれ、結婚するのは姉で、おまえではない」と妹に言い放ち「奴と怪しいな」と姉に嫉妬を向けようとする夫。「行くわ」と妹。「そうはいかん、姉さんはここにいるんだ」と夫。「ムリよ、行かなくては」と姉。二人は夫の言葉を無視して去っていきます。彼女たちの姿を見、またやられたと呆れながら「おまえたちは、いつもこの手でごまかす」と夫は語るのです。確かに姉妹二人は障がいがあるゆえに、いつも行動を共にする必要があり、夫の最後の言葉に、私はおもわず笑ってしまいました。

ハンスのことを心配し、クレオに真意を問い質そうとするフリーダ。そこで彼女はハンスには遺産があることを教えてしまいます。遺産という言葉に目がくらみ、ハンスと結婚し、その後毒殺しようとヘラクレスと相談するクレオ。

結婚披露宴のシーン。ハンスにわからぬように自分の足元にあるワインに毒を入れるクレオ。何も知らずテーブルにつきハンスの結婚を祝う障がい者たち。彼らは盛り上がり、クレオを「自分たちの仲間に加えよう」と大きな杯にワインをつぎ、小人の男性が杯を持って周り順々に飲んでいく彼ら。「これを飲んで仲間になろう」と最後に杯をクレオに渡そうとする男性。「イヤよ、やめて!」形相が変わり、「怪物! 化け物! 出てってよ」と杯をぶちまけるクレオ。言葉を失い、驚いたようにテーブルから去っていく障がい者たち。クレオはハンスに向かい「私をどうするの。あんたは男なの子どもなの」。ハンスは驚き「なんてひどいことを」。「遊んであげるわ、背負ってほしいのね」。傍らで笑っていたヘラクレスは「そのとおり、おんぶだってさ」とハンスを両手でさしあげ、クレオの肩に乗せる。クレオはハンスを肩車し、誰もいなくなったテーブルの周りをはしゃいで回ります。

障がい者の「仲間」になることをはねつけたクレオのすさまじい形相。ハンスを子ども扱いし肩に乗せ、はしゃぎまわる姿。これでもかといわんばかりに障がい者への偏見、排除、差別が強烈に描かれていきます。この密度の濃いシーンを見て、私は凄いなと感じ入りました。ひとを差別し排除する「醜さ」が見事に凝縮され、その映像が思いっきり私にぶつかってきたからです。

披露宴のシーンは、ラストに展開する復讐のシーンの始まりです。毒を盛られたハンスはこのとき騙されていることを悟り、密かにクレオに復讐しようと決め、仲間と計画を練るのです。土砂降りの中、サーカス団が馬車を連ね、次の場所へ移動していく夜。復讐は決行されます。ヘラクレスに復讐しようと馬車の車輪の陰からじっと見つめる彼ら。ナイフ投げの名手がヘラクレスの胸にナイフを命中させ、さらにとどめを刺そうと、土砂降りの地面を這い、にじりよってくる彼ら。毒を盛っていたことをハンスに暴かれ逃げ出すクレオ。雨の中、彼女を追うハンスたちの姿。クレオに何が起こったのか。映画では明らかにされません。しかし冒頭、見世物で彼女を見た女性が絶叫し（そのとき彼女の姿は見えません）、復讐劇が語られたあと、最後で明らかになるクレオの姿。それは片目をなくし、身体がアヒルとなり、グァグァと鳴く〝アヒル女〟の姿だったのです。

「フリークス」というタイトル。これはいったい誰をさすのでしょうか。身体障がいを持ち、知的障がいをもち、サーカスという世界で芸人として生きている彼ら。彼らは「フリークス」なのでしょうか。私は違うと思います。トッド・ブラウニングが描きたかった「フリークス」。それは障がいをもつ存在をひととして扱わず辱め、貶め、排除し、差別し、ただ金のためだけに愛情を踏みつけにし彼らを利用する〝ひとでなし〟の姿。それこそ「フリークス」だと言いたかったのです。障がいある人々を差別し排除し、食い物にする人間。それはまさに〝ひとでなし〟であり、彼らに復讐をする障がい者たち。もちろん映画では復讐が貫徹されたのか、語られていません。おそらくはそんなことは関係がないのでしょう。そうではなく、〝ひとでなし〟の行為がまさにひとを「フリークス」にしてしまう、そんな強烈なメッセージがこの映画からまっすぐに伝わってきます。公開当時の日本題名は「怪物團」でした。

この映画の真意がわからないなんとお粗末な題名だろうか、と正直悲しくなります。この作品は公開当時物議をかもし、各地で上映中止になりました。日本でも公開当時二週間で上映中止となったそうです（DVDパッケージ裏書きから）。確かに上っ面だけ見れば物議をかもしたくなるかもしれません。個々の表現は確かにいろいろと衝撃的だろうと思います。しかし、この「フリークス」の寓話は今もなお、しっかりと反芻する必要があるものです。

さて「映画を読み解く社会学」の幕が上がります。

くまさんのこだわりシネマ社会学　目次

はじめに――「映画を読み解く社会学」への招待　i
社会学的想像力の豊かな源泉としての映画　i
「フリークス（ひとでなし）」はどっちだ――『フリークス』　ii

SCENE 1　人間《ひと》としての誇り――多様な性のあり方を考える①　1
希望のある人生を――『ハーヴェイ・ミルク』　1
原題はPRIDE（誇り）――『パレードへようこそ』　5
「知らないなら、差別する資格はないわ」――『アタック・ナンバーハーフ』　6

SCENE 2　トランスジェンダーを生きる〝高み〟――多様な性のあり方を考える②　9
軽やかに差別を圧倒する――『ナチュラルウーマン』　9
「地上におりないで」生きる――『わたしはロランス』　12
トランスジェンダーの女性はどう生きるのか――『彼らが本気で編むときは、』　14

SCENE 3　エイズを生き、フォビアと闘うということ　17
差別への強烈な怒りと病いへの恐怖――『BPM ビート・パー・ミニット』　17
静かな悲しみと恐怖――『ロングタイム・コンパニオン』　20
圧倒的な歌と舞台の迫力――『RENT　ライヴ・オン・ブロードウェイ』　22

SCENE 4　障がい者問題を考える①　25
障がい者ドキュメンタリーの原点――『さようならCP』　25
カーテンの向こう側の世界をのぞく――『精神』　28
見えない、聞こえない世界を生きる――『もうろうをいきる』　30

SCENE 5　障がい者問題を考える②　33
ジョゼの輝きと恒夫の優しさ――『ジョゼと虎と魚たち』　33
脳性マヒを生きる女性の内面を描く――『オアシス』　36
やればできるさ！――『人生、ここにあり！』　38

SCENE 6　高齢者問題を考える　41
折れて老いても、美しく輝くいのち――『折り梅』　41

つれあいと最後まで暮らすということ――『ぼけますから、よろしくお願いします。』　44
ゲイとして最後まで生きるために――『メゾン・ド・ヒミコ』　47

SCENE 7　太平洋戦争を考える　49
特攻の不条理を嗤う――『肉弾』　50
軍隊の暴力の犠牲者は誰か――『陸軍残虐物語』　51
極限状況で兵士は何を体験するのか――『野火』　54

SCENE 8　沖縄の歴史を考える　57
米軍基地が支配する沖縄の歴史と現実――『沖縄　うりずんの雨』　57
秘匿戦がもたらした知られざる悲劇――『沖縄スパイ戦史』　59
沖縄の傑作ご当地ヒーローの深さと面白さ――『琉神マブヤー』　61

SCENE 9　水俣病問題を考える　65
患者、家族の視点から〝苦海浄土〟を描き出す――『水俣　患者さんとその世界』　66
訴訟をするためだけに生きているのではない――『阿賀に生きる』　67
水俣病は決して終わっていない――『水俣曼荼羅』　68

SCENE 10 部落差別問題を考える 73
父親の戒めを破り、誇りを持って生きる――『破戒』 74
「水平社宣言」の迫力を確認する――『橋のない川』 76

SCENE 11 在日朝鮮人問題を考える 81
在日が生きている差別的日常を淡々と描く――『月はどっちに出ている』 81
「イムジン河」の衝撃を忘れるな――『パッチギ!』 84
人と人の繫がりを考える――『カーテンコール』 86

SCENE 12 広島・長崎、被爆問題を考える 89
原爆の恐怖を正面から考える――『ひろしま』 89
被爆し生き延びた人の思いを描く――『父と暮せば』 91
ピカッときたら! さっと隠れろ!――『アトミック・カフェ』 93

SCENE 13 特撮怪奇映画を愉しむ 97
放射能で人間が溶ける恐怖――『美女と液体人間』 97
人がキノコになる恐怖と喜び――『マタンゴ』 99

極限状況で諍い争う人間の恐怖――『吸血鬼ゴケミドロ』　101

おわりに――ファンタジーアニメと〝ひとや社会を想う力〟　105
ファンタジーアニメから豊かな想像力を　106
聖地巡礼と地域へ与える力　109

くまさんのさらなるこだわり映画リスト　111
○人種差別問題を考える　『私はあなたのニグロではない』／『デトロイト』／『夜の大捜査線』
○障がい者問題をさらに考える　『エレファント・マン』／『チョコレート・ドーナツ』／『グレイテスト・ショーマン』／『こんな夜更けにバナナかよ』／『聲の形』／『最強のふたり』
○在日朝鮮人問題をさらに考える　『チルソクの夏』／『ディア・ピョンヤン』／『かぞくのくに』
○部落差別問題をさらに考える　『人間の街――大阪・被差別部落――』／『人間みな兄弟――部落差別の記録――』
○スクールカーストを考える　『桐島、部活やめるってよ』
○台湾の歴史を考える　『セデック・バレ』／『湾生回家』／『台湾人生』
○優れたSF映画から考える　『わたしを離さないで』／『ガタカ』
○家族を考える　『ハッシュ！』
○高度成長期日本を考える　『日本万国博』／『超高層のあけぼの』／『三池～終わらない炭鉱の

物語～』
◎原発・原子力を考える　『祝の島』／『ミツバチの羽音と地球の回転』／『100000年後の安全』
◎新藤兼人という監督がいた　『原爆の子』／『第五福竜丸』／『さくら隊散る』
◎大林宣彦という監督がいた　『野ゆき山ゆき海べゆき』／『この空の花　長岡花火物語』／『海辺の映画館――キネマの玉手箱――』
◎黒木和雄という監督がいた　『美しい夏キリシマ』／『TOMORROW　明日』／『紙屋悦子の青春』
◎戦争娯楽映画をさらに考える　『太平洋奇跡の作戦キスカ』／『人間魚雷　あゝ回天特別攻撃隊』／『真夏のオリオン』／『アルキメデスの大戦』
◎沖縄をさらに考える　『激動の昭和史　沖縄決戦』／『生きろ　島田叡――戦中最後の沖縄県知事――』
◎認知症・高齢者介護を考える　『毎日がアルツハイマー1』／『毎日がアルツハイマー2』
あとがき　*129*

SCENE 1

人間《ひと》としての誇り――多様な性のあり方を考える①

多様な性のあり方を認めること。それが現代社会の「常識」です。でも今もなお異性愛以外認めず、多様な性を生きる人々を認めようとしない人がいます。かつてゲイムーブメントがアメリカで起こった頃、世の中はもっと露骨に同性愛者などを排除し忌避していました。厳しい差別に立ち向かい、自らが生きる権利を主張するとき、もっとも大事なことは人間としての誇りであり、生きる希望を創造することです。「誇り」や「希望」を味わうことができる作品を紹介します。

希望のある人生を――『ハーヴェイ・ミルク』

『ハーヴェイ・ミルク』（ロバート・エプスタイン／リチャード・シュミーセン監督、一九八四年）というドキュメンタリー。アカデミー最優秀長編記録映画賞を受けた作品です。四〇年以上も前の映像ですが少しも色あせず今も強烈なエネルギーを放っています。

一九七八年一一月二七日、サンフランシスコでマスコーニ市長と市政執行委員ハーヴェイ・ミルクが射殺されるという衝撃的な事件が起こります。ドキュメンタリーは冒頭、市政執行委員会委員長が記者に囲まれこの事実を告げる場面から始まります。二人を射殺したのは、同じ市政執行委員であったダン・ホワイトという男性です。地元に長年暮らし消防士として正義の仕事をこなす〝良心〟〝保守〟と

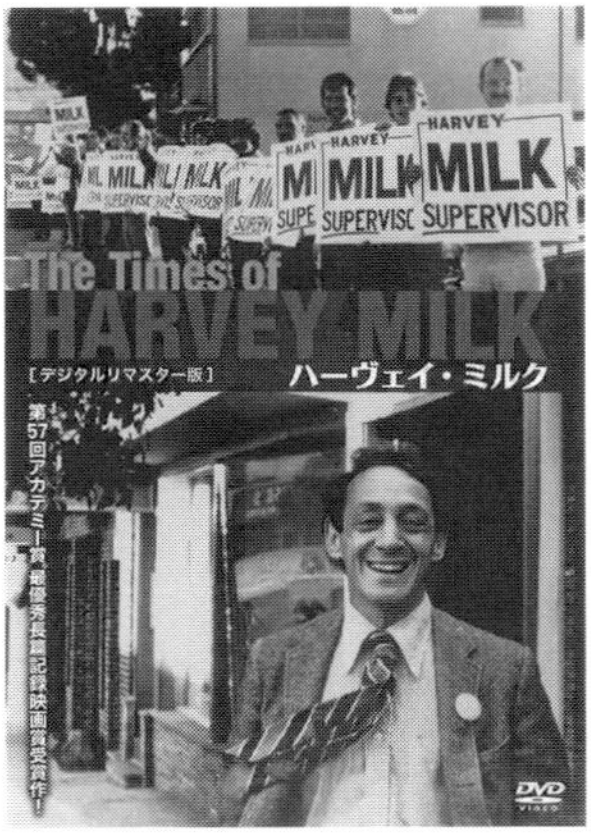

『ハーヴェイ・ミルク』
写真提供：㈱パンドラ
©telling pictures

いう言葉を象徴する男性です。なぜホワイトは二人を射殺したのでしょうか。そこに社会の暴力という核心的な主題があり、ハーヴェイ・ミルクという男性がアメリカ社会に及ぼした大きな力があるのです。

耳の大きな少年は平凡な高校生となり、いたずら好きな普通の青年になりました。でも自分が同性愛者であることは一四歳の頃から自覚していました。海軍での軍隊経験の後、証券アナリストとして働いていた彼は、六〇年代に入り生き方を変えます。前衛劇団を率い、七〇年代初頭反戦デモに参加し、クレジットカードを焼き、サンフランシスコに移り住みました。サンフランシスコのカストロ通り。そこはゲイ解放運動にとって象徴的な場です。恋人とともにカメラ屋を開き、同性愛者であることをカムアウトしたハーヴェイ・ミルク。この頃からゲイ解放運動に熱心に関わっていくのです。

ハーヴェイ・ミルクは人をひきつけて離さない魅力に満ちた人間です。当時あたりまえのようにあった同性愛者への忌避・嫌悪（ホモフォビア）に対して、決然として立ち向かう姿は魅力的です。さらに障がい者、フェミニスト、アジア系住民、高齢者などアメリカ社会での少数者、被差別当事者にも、彼は共感し優しく対応し共闘していくのです。多くの人の支援を受け、彼はサンフランシスコの市政委員選挙へ出ます。三回落選。でも時代が彼を要請したのか、マスコーニ市長のとき、選挙が変わるのです。全市域から地区別へと委員選出の仕方が変わり、カストロ通りがある地区から立候補したハーヴェイ・

ミルクは、労働組合などの支援も得て、四回目で見事当選をはたします。

彼とともに市政の変革や運動に携わった人々の証言がとても興味深いのです。補佐官として選挙を共に闘ったレズビアンの女性。同性愛者へ偏見を持ちながらもミルクの人間性や活動の奥深さに感動し支援者へと変貌していった男性、ゲイの男性教員、レズビアンの大学教授など。彼らの証言そして語る姿を見て、彼らがいかにハーヴェイ・ミルクのことを大切に思っていたのかが率直に伝わってきます。

当時アメリカは公然と同性愛者を排除する社会でした。カリフォルニア州でブリッグスという議員が同性愛教師を学校現場から締め出す法案を成立させようとします。ハーヴェイ・ミルクは法案を否決せんと対抗し、奔走するのです。テレビ討論会で議員と向き合い、ジョークを交えながらもきっぱりと法案の差別性を語る姿は痛快です。

共に闘ったレズビアンの大学教員の語りが印象的です。彼女いわく、ゲイは道徳的多数の圧力に恐怖し生活を脅かされるのを感じ反発をしたのだと。しかし「視点を変えてみれば、根本主義者（fundamentalists）たちは、一定の社会構成や性別役割を信じ、男女が関係すべき道を信じ、家族を信じ、神が言ったとされる言葉を信じ、彼らは人と関係し生涯を送ってきたのです。そこへ突然〝変質者〟が現れ、別の生き方が素晴らしいというのは恐怖です。根本主義にねざして作られたこの国の仕組みがゲイから攻撃された」のです。

カムアウトし自らの存在を主張する同性愛者たちが、支配的な場所で生きる多くの人々にとって〝恐怖〟だったと。自らの生活の場に闖入《ちんにゅう》する〝異質な存在〟を恐れ、なんとかして排除しようとしたのだと。住民の大半は提案に賛成するだろうという大方の予想ははずれ、法案は否決されたのです。

そしてドキュメンタリーは冒頭の場面に繋がっていきます。突然市政委員を辞任したダン・ホワイト。

地元では再任を求める声があり、一方でハーヴェイ・ミルクは再任に強く反対したのです。他の委員もそう考えていました。しかし実際に市長に声をあげたのは彼一人でした。ホワイトは銃と補充する弾丸を隠し持ち、正面玄関からではなく脇の窓から市庁舎に入り、市長を殺害します。その後、ミルクがいる部屋へ行き、五発弾丸を放ちました。最初の一発で倒れたミルクにさらに三発撃ち、頭部に一発撃ち込んだのです。

衝撃的な事件でした。多くの市民が悲しみ、怒り、カストロ通りに集まりました。声高に怒り叫ぶのではなく、ろうそくを掲げ、無言でカストロ通りを歩く人々。それこそ川のようにゆっくりと流れていく無数のろうそくの光。カストロ通りを埋め尽くす静寂の怒り、静寂の悲しみ。無言のろうそくの光。この映像を見て、私は本当に言葉を失いました。

「この国のどこかで若者が、自分がゲイだと気づくとする。両親にバレたら勘当されるし、級友にはあざ笑われる。道徳主義者はテレビから説教をたれる。許される選択は『隠し続ける』か『自殺』だ。ある日新聞に〝同性愛者当選〟と出る。新たな選択は『カリフォルニアに行く』（場内の笑いと拍手）か『残って闘うか』だ。当選の二日後、若い声の電話を受けた。ペンシルバニアからの『ありがとう』だった。ゲイを当選させるべきだ。そうすればたくさんの彼のような子どももより良い世界と明日への希望が持てる。希望がなければ、ゲイだけでなく、黒人もアジア人も障がい者も老人も希望と精気（エッセンス）がなければ、あきらめてしまう。希望のない人生は生きるに値しない。あなたが彼に希望を与えなければならない。」

ドキュメンタリーのラスト。ハーヴェイ・ミルクの演説する音声が流れます。強烈なホモフォビア、社会の暴力に正面から立ち向かい、カムアウトして、自らが生きる場を具体的に変革していく意味が語られるのです。「希望」を与えろと。

一九七〇年代という時代の雰囲気が充満しています。でもこの作品は、多様な性を生きる人々にとっての「原点」は何なのかを教えてくれるのです。

原題はPRIDE（誇り）――『パレードへようこそ』

『パレードへようこそ』（マシュー・ウォーチャス監督、二〇一四年）。のりのいい音楽が全編にあふれ、見ていてとにかく元気になる映画です。

一九八五年、イギリス、当時のサッチャー政権を揺るがす伝説のパレードがありました。そのパレードに至る実話をもとにした作品です。八〇年代のイギリス、不況下で炭鉱閉鎖を進める政権に対抗し炭鉱労働者が自らの生活と生命をかけてストをしていたのです。ゲイの青年マークは炭鉱労働者と同性愛者である自分たちが同じ社会の構造の中で差別や排除を受けていることに気づき、スト中の炭鉱労働者を支援する「炭鉱労働者を支援するゲイ・レズビアンの会（ＬＧＳＭ）」を結成し、街頭でバケツをもち募金活動を始めます。

当時はまだ同性愛は精神疾患だと決めつけられ、彼らは強烈な偏見や差別を受けていました。自分たちへの攻撃をものともせず、彼らは街頭募金を続け、支援金を集めます。しかし同性愛へ偏見を抱いている炭鉱労働者たちは、彼らの支援の申し出を受けようとはしないのです。

ウェールズにある村の炭鉱だけが受け入れ、ＬＧＳＭのメンバーと労働者や家族が出会います。彼らの支援に感謝し彼らを受け入れようとする人々も当然のことながら最初は彼らの人となりはわかりません。でも直接出会い、彼らの率直な思いやセンスあふれる姿に驚き、彼らと語り合うなかで、彼らとの繋がりができていくのです。

交流が深まっていく一連のシーンが興味深いのです。他方、強固な偏見を抱き、頑として彼らを拒絶する人々もいます。ストが長期化し、村の人々の生活がより厳しくなります。もっと大きな支援を得るために、マークたちは支援資金集めのコンサートを開き、同性愛者もそうでない人も集まり、盛り上がり、コンサートは大成功します。

しかし村では彼らを忌み嫌う人々が彼らの支援を拒絶する画策を進めていました。結果的に炭鉱ストは敗北に終わるのですが、映画のラスト、伝説のパレードが再現され、マークたちの支援がいかに大きな影響を与えていたのかがわかります。村で労組の仕事を堅実にこなしてきた年配男性が、仲間の女性に自分もゲイだと語り、女性が「わかってたよ」という印象的なシーン。当時、同性愛であることは決して語ってはいけなかった現実とマークたちの人間としての「プライド（誇り）」（映画の原題はPRIDEです）をかけた支援活動が放つ輝きとの対比が面白い。ゲイやレズビアンなど同性愛という現実を考えることの他に、この映画にははっきりとした主題があるのです。それは「連帯」という古くて新しい繋がりの大切さです。炭鉱労働組合の古い旗に描かれた握手する二人の手が、そのことを象徴しています。

「知らないなら、差別する資格はないわ」――『アタック・ナンバーハーフ』

『アタック・ナンバーハーフ』（ヨンユット・トンコントーン監督、二〇〇〇年）。差別の理不尽さを思いっきり笑い飛ばすコメディです。

一九九六年、タイ国体男子バレーで、一人以外あとはすべてゲイのチームが優勝するという出来事が起こります。その実話をもとにした映画で、全編に渡って、ゲイである彼らがかもしだす笑いと彼らに対する周囲の偏見、差別的な物言いで満ちています。と書けば、なにやらしんどそうな印象を与える映画では？？と思われますが、決してそうではないのです。ヒチコックの『サイコ』の有名な殺人シーンをパロっている主人公のジュンと父親のずっこけるような楽しいやりとり。ゲイであるジュンとモンが新たなバレーチームメンバーに選ばれることで、ホモフォビアを思い切りぶちまけて他のメンバーは去った後、おなべの監督は「あなたたちの仲間でいい人はいない？」と。新たなメンバーに声をかけていくくだりの楽しさ。黒澤明の『七人の侍』を思い出してしまいます。

地区予選を勝ち抜き、本選へ。彼らの存在をなんとかしたい大会委員長の画策もなんのその、勝ち抜いていく彼ら。興味深いのは、サトリーレック（鋼鉄の淑女という意味）のチームでただ一人ゲイではないチャイという人物の変化です。おそらくは去っていったメンバーほどはゲイへの偏見は強くなかったのでしょう。しかし彼らと関係をつくっていくなかで、初めは驚くことばかりです。

印象に残るやりとりがあります。国体本選のため宿舎に入る彼ら。そこでもジュンやモンたちは彼ら特有のから騒ぎで、自分たちが〝ゲイであること〟を周囲に思いっきりふりまいていくのです。そうした彼らから思わず知らず距離をとってしまうチャイ。そんなチャイに語りかけるモン。「オカマのチームで残念ね。でもオカマは嫌いなんでしょ」「今までにゲイの友だちはいた？」「いない」「今までの人生で何人ゲイを知ってる？」「知らないなら、私たちを差別する資格ないわ。」と。

差別するならしてもいい、でもゲイである私たちの存在、ひととしての私たちをよく知ってからにしろ、と。〝差別する資格〟という言葉、映画の中で、大きなアクセントとして見る側に響いてきます。チャイはその後も、ジュンやモンたちへのきつい偏見、差別的な言動を見聞きするなかで、彼らがどんな思いをして暮らしてきたのか、暮らしていこうとしているのかを、少しずつ感じ取っていくのです。

決勝まで勝ち抜いた彼ら。決勝戦直前、彼らや自分へ偏見をぶちまける委員長に言い切るおなべの監督の言葉が印象的です。「あなたは今まで女性の市長やパイロットを見るたびに、苦々しく思っていたはずです。目障りだと。あなたが思い描くのは、台所かベッドの上の女だけ。そうでない者や思いどおりにならない者は排除しようとする。そんな頭の固いどなたかよりは、うちの子たちの方がずっと人間らしい」と。この委員長は、おそらくは同性愛者、同性愛という現実、男女の平等などを決して認めようとはしない〝凝り固まった〟世の中の差別を象徴しているのでしょう。だからこそ、委員長が監督の言葉に激昂し、サトリーレックを「出場停止だ」と叫んだ後、大会進行の男性に足を引っ掛けられ倒れ気絶し、担架で運ばれ去っていくとき、見ている側は爽快な気分となるのです。

同性愛という「問題」を平等や人権などという〝高邁な理念〟から理解しろというメッセージもあるでしょう。この映画はもっと率直で具体的です。ゲイである私たちの存在を認めることが第一。なぜなら、そのことこそが見ているあなたの暮らしをもっと豊かに愉しくするのですよ、と。

SCENE 2

トランスジェンダーを生きる〝高み〟

——多様な性のあり方を考える②

今、多様な性を生きる人々の存在に急速に光が当てられ、メディアで彼らの姿がよく描かれ語られています。かつては同性愛者などに対する偏見が自明であり「クレヨンしんちゃん」でよく出てくるような戯画化された男性同性愛者の身振りや語り方は単なるギャグであり、それが差別の端的なあらわれなどと誰も思いませんでした。しかし今ではギャクや冗談のなかに性的少数者に対する偏見や差別、「決めつけ」や「思い込み」が息づいていると考えるでしょう。多様な性を生きる人々の現実が以前の「あたりまえ」をこれからの「あたりまえ」に変えつつあるのです。でも偏見や差別は日々の常識から一掃されたのでしょうか。私はそうは思いません。多様な性を生きる人々の現実が、以前に比べはるかに身近になったとして、それだからこそ、私たちはただ「差別してはいけない対象」としてだけ彼らを理解するのではなく、同じ時間を生きている「もう一人の他者」として、彼らの姿をまるごと自らの腑に落としていく必要があるのです。深い感動を与えてくれる映画。それは彼らの姿を〝腑に落とす〟大きなきっかけを私たちに与えてくれます。本章ではトランスジェンダーが主人公の作品を紹介します。

軽やかに差別を圧倒する——『ナチュラルウーマン』

『ナチュラルウーマン』（セバスティアン・レリオ監督、二〇一七年）。トランスジェンダーのマリーナは恋

『ナチュラルウーマン』
画像提供：アルバトロス・フィルム

人オルランドと一緒に暮らしています。冒頭サウナでオルランドがマッサージを受けるシーン。社会的成功を収めた男性という印象が伝わってくるが疲れて不安定な感じです。「白い大きな封筒を知らないか」と大切なものの記憶も曖昧なのです。マリーナの誕生日を祝う二人。お互いの想いやいたわりがよくわかります。イグアスの滝への旅がプレゼントだと語るオルランド、でもチケットをどこへしまったのか思い出せません。映画の後半「白い大きな封筒」の所在がわかりますが、おそらく封筒の中にはチケットだけでなく、もっと多くの想いが詰まっていたのだと私は思います。

アパートで愛を確かめ合う二人。その後オルランドの体調が急変するのです。マリーナは急いで病院に連れていくが動脈瘤破裂で急逝する彼。動揺するマリーナ。彼女はオルランドの弟を呼び出し、状況を説明し、弟に後を任せ、病院から去ろうとします。しかし警官が彼女を病院へと連れ戻すのです。オルランドの身体には複数のあざがあり頭には傷がありました。それはアパートを出るとき、オルランドが朦朧として一人で歩き、階段を踏み外して転がり落ちた結果なのです。マリーナがそう説明しても彼の死についてマリーナの関与を疑う警察。なぜ嫌疑をかけるでしょうか。

トランスジェンダーであるマリーナに対して通俗的な「決めつけ」が背後にあるのです。「こうしたケースを扱ってきたからよくわかる。あなたもすっきりしたいでしょ。だったら私に従って」と。マリーナにつきまとう女性刑事は彼女を配慮するような言葉やそぶりをみせるが、それはトランスジェンダーとは何者かを決めつけたうえで警察に従えという命令であり権力の行使なのです。抵抗を続けても仕方ないと身体検査を受けるマリーナ。すぐに済むわと女性刑事は監察医のところへ連れていくのです。「女性として扱って」と医師に囁く刑事。その言葉をマリーナは黙って聞いています。衣服を脱ぎ、タオル一枚となり壁を背に立たされるマリーナ。上半身裸の写真を撮られます。その後下半身の写真も撮られるのです。淡々としたシーンですが、犯罪者のごとく扱われるマリーナの姿から性的マイノリティに対する強烈な偏見や差別が伝わってきます。

マリーナは愛する人にお別れを言いたいだけなのに、オルランドの元妻や親族から、通夜や告別式への参列を拒絶されるのです。いったんはあきらめかけたが、自分の留守中に親族が勝手にアパートに入り部屋中を荒し飼っていた犬まで持ち去ってしまう〝嫌がらせ〟に流石にマリーナは切れ、復讐の意味もこめて通夜の場に姿を現すのです。すぐに親族は彼女を教会から追い出し、飽き足らず車で彼女を追いかけ差別的な言葉を吐き、彼女を強引に車に乗せ、彼らはマリーナの髪や顔をセロテープでぐるぐる巻きにして「ざまあみろ」と彼女を車から放り出すのです。

マリーナにとって髪や顔は自分を象徴する大切なものです。それを台無しにする営み。それは強烈な排除であり差別行為です。そしてそれは〝髪や顔さえ痛めつければ「変態」は傷つくだろう〟という彼らにとって「変態」でしかないトランスジェンダーに対する偏見を象徴しています。しかしそれはマリーナの本質からはほど遠い思いきり表層的で皮相なトランスジェンダー理解なのです。なぜ彼らはこんな下らない行為をするのでしょうか。彼らの強がりの背後に〝差別しながら怯える〟といった、自分たちの「日常」がマリーナに攪乱されることへの強烈な怯えや恐れが息づいていると私は感じます。一方「犬を返せ」というマリーナの〝実力行使〟は彼らの下らない行為を軽やかに圧倒し超越していくのです。このあたりのシーンは、通俗的な権力が転倒し、痛快です。

映画のラスト。取り戻した犬と散歩し、美声を活かしホールで歌う彼女の姿。どんな逆境であろうと淡々と乗り越えて生きていくしかないし、それが私なのだ、というメッセージがじわっと伝わってきます。実際にトランスジェンダーである女優が、最愛の人を突然失い当然のごとく生じるトラブルに悩み苦しみ、立ち向かい、新しいステージへと生き続けていく当事者の姿をしっとりと、そして力強く演じている秀作です。

「地上におりないで」生きる――『わたしはロランス』

『わたしはロランス』（グザヴィエ・ドラン監督、二〇一二年）。モントリオール在住の国語教師ロランス。彼は情熱的な女性フレッドと激しい恋におちています。ハイスクールでも人気教師であり、彼は女子生徒たちからセクシーだと高い評価を受けています。

三〇歳の誕生日。ロランスはフレッドに打ち明けるのです。「僕は女になりたいんだ。この身体は間違えてうまれてきてしまったんだ」と。激しく動揺し、彼とのこれまでの愛、二人で築いてきたものはなんだったのだと葛藤するフレッド。映画では、後半の重要なシーンでフレッドがロランスに打ち明けますが、この時彼女は身ごもっていたのです。しかし、ロランスを失うことを恐れ、彼に告げることなく中絶した彼女。もし、その時妊娠をロランスに告げていたら、彼らの関係はどうなっていたでしょうか。フレッドが恐れたように、二人の関係は崩れ去っただろうか、と思います。

フレッドはロランスのことは自分が一番わかっているのだと、最大の理解者として生きようと決めるのです。ロランスが女性として暮らせるよう、さまざまなサポートを考えていきます。突如として女装し化粧し高校で教え始めるロランス。彼が廊下を平然と歩く姿を驚きや軽蔑、嫌悪のまなざしでみていく生徒たち。彼に共感する教員は喜び支持しますが、大半の教員は彼から距離を置こうとします。短髪のままで女装を続けるロランスに、フレッドはウィッグをプレゼントします。女性として生きるなら、髪の毛も「女性」にしないと、という気持ちからでしょうか。それを受け取るロランスのなんともいわく言い難い曖昧な感じが面白い。なぜならロランスの「生き方の革命」は「普通の外見」をもつ女性に自分を紛れ込ませてしまうことではないからなのです。

フレッドのサポートは、ロランスへの「特別な愛」のあらわれなのでしょうか。食堂でロランスの外見に驚きしつこくつきまとう中年女性。彼女は性的マイノリティへの典型的で通俗的で下品なからかいをこめロランスに問いかけるのです。フレッドは我慢ができずブチ切れ、中年女性を思い切り罵倒し非難するシーン。私には別の意味が伝わってきます。それはロランスの〝理解者〟だと無理をし続けていたフレッドのしんどさです。〝スペシャルな存在〟として生きようと決めたロランスとともに自分もそうなるべきだと。でもフレッドの心の底には、すべて受け入れる〝余裕〟はなく、不安ばかりだったのでしょう。不安やしんどさが中年女性の無神経さに反応し、一気に爆発してしまう彼女。でもその罵倒や非難はすべて自分自身へも向かうのです。秀逸なシーンです。

早口のフランス語のリズム。シーンごとの情緒を確かめるような印象的なBGM。現代絵画か洗練されたイラストを連続して見るかの如くのスタイリッシュな映像。主人公のロランスがとにかく魅力的でかっこいいのです。フレッドと別れ小説家として生きるロランスの女装は宝塚歌劇の男役から過剰で典型的な〝男らしさ〟をすべて除去したあとに残るかっこいい女性の姿なのです。「地上におりないで」、つまり日常の「あたりまえ」に息づいているさまざまな俗にまみれた「思い込み」や「決めつけ」の知や情緒を超越し、いかに軽やかに自分の性に誠実に生きることができるのか。〝スペシャル〟な生き方に異性の他者、同性の他者はいかに関われるのでしょうか。〝スペシャル〟な愛の形を思わず考えてしまう、深く、でも重たすぎない、洗練された映像美に満ちた作品です。

トランスジェンダーの女性はどう生きるのか――『彼らが本気で編むときは、』

『彼らが本気で編むときは、』（荻上直子監督、二〇一七年）。子育てを放棄した母親のもとで暮らすトモ。ある朝テーブルには金と書きおきがあり母親は消えていました。男のもとに行ったのです。母親の失跡は二度目。一度目と同様、トモは叔父マキオに頼ろうとします。でも今回は大きく事情が異なっていたのです。マキオはリンコと暮らしていたのです。リンコはトランスジェンダーであり「身体の工事は終わってるけど、戸籍がまだ男」の〝女性〟。リンコと出会い、戸惑うトモ。でも彼女の美味しい手料理やマキオとリンコの日常に触れ、性的マイノリティを「キモイ」としか言えなかったトモの心が少しずつ変わっていくのです。

映画には印象深いセリフが満ちています。リンコとトモがスーパーで買い物をするシーン。友人カイの母親が語る差別発言に怒りが爆発し、トモは持っていた洗剤を彼女にぶちまけるのです。家に戻り、語りあうリンコとトモ。「飲み込んでふんばって我慢して、怒りが通り過ぎるのを待つの」「通り過ぎなかったら？」「（毛糸を編みながら）私はこれで、すっごいくやしいこととか、死ぬほど悲しかったりすることを全部力にするの。誰かに洗剤ぶっかけるかわりにね。そうするとね、いつの間にか心がすぅーっとたいらになる。」リンコは、編み物で怒りや悲しみと向き合ってきたのです。

男子生徒のカイは上級生の男子が好きだったのです。上級生への手紙を見つけ破り捨てる母。傷心のカイは睡眠薬で自殺をはかるが未遂に終わります。病院の個室で治療を受けるカイ。母親がいない隙にトモはカイを見舞います。「大野君に手紙書いた」「ラブレター?」「うん」「出したの?」「出す前にママに見られて破かれた」「いやぁ、それは死にたいね」「ママに言われた。ボクはとっても罪深いんだって」トモは力強くこう語るのです。「あんたのママはたまに間違う。だって絶対にそんなことない、絶対に。ぜ〜〜〜ったいに!」。ひと(他者)を思いやる心があふれだすトモの姿がすばらしい。

リンコは、毛糸で丸い棒状のものをいっぱい編んでいました。「これはね、私の〝煩悩〟」「ボンノー?」「下の手術をしたときにさぁ、けっこう辛かったんだよね。痛くて、痒くて。何で私はこんな苦しい想いをしなくちゃいけないんだろうって。私、何か間違ったことしたかなぁと。まぁ、間違ったのは私じゃなくて、神様が私の造形を間違ったのよ。これは私の男根供養」「ダンコン? じゃあ、これ、リンコさんの」「チンコです。」二人は噴き出して笑う。毛糸でできた〝ボンノー〟。108個作って燃やすのだと。自分の男根に対する供養だと。協力し〝ボンノー〟を編み始めるトモ。リンコとトモの関係も次第に編みあがっていくのです。編みあがった〝ボンノー〟を浜辺で積み上げ燃やすシーンは印象的です。

ラスト近く、トモの母親が戻ります。母親とリンコ、トモ、マキオのやりとりが秀逸です。リンコと二人でトモを引き取り育てたいと語るマキオ。冗談だと取り合おうとしない母親。「あんたに何が分かるのよ。母でも女でもないくせに。じゃあ、あんた、あの子が生理になったとき、ちゃんと教えられる? 胸が大きくなってきたときに、どんなブラジャー買ってあげたらいいかとか、わかる? わかんないでしょ。あんたは母親にはなれないの。わかるでしょ、あんたは一生、母親になれないの。」これでもかとリンコに差別の言葉を浴びせる母親にリンコがしてくれたことを叫びながら何度も母親を叩くトモ。「やめなさい、何！」と母親が制止する瞬間、トモの思いが初めて吐露されるのです。「どうしてママはしてくれないの！」。母親は放心し黙ってしまう。「今日はママ、一人で帰って。」トモの優しさが滲みだしてきます。マキオから「姉ちゃんをよろしく頼む」と言われ、結局自分の家に帰るトモ。家に戻り、リンコからもらった包みを開け、驚き、微笑むトモ。そこには〝毛糸で編んだ丸い二つのおっぱい〟が入っていたのです。「これからも私はここにいるよ。何かあったら会いに来てね」というリンコの思いが詰まっています。

本作品は公開時、高い評価を得る一方、トランスジェンダーの描かれ方など当事者から鋭く批判されました。なぜリンコは旧態然とした優しい〝母〟になりたいのでしょうか。トランスジェンダーの女性が生きる形はもっと多様ではないのでしょうか。常に彼らに寄り添う男性マキオの姿が不自然です。それは真の優しさでしょうか。他にもつっこみどころは満載です。それに気づき考えることで、私たちは自らの「思い込み」「決めつけ」の貧しさを掘り返すことができるのです。その意味で、本作品は〝差別を考えることができる〟魅力にあふれています。

SCENE 3

エイズを生き、フォビアと闘うということ

新型コロナウィルスの感染はいまだ続いています。有効な治療薬の開発もまだまだこれからでしょう。本章ではエイズに関連する作品をとりあげます。HIVウィルスが発見されたのは一九八一年です。四〇年以上も経ちますがウィルスを根治する薬はいまだ開発されていません。ただ現在では有効な治療法や治療薬もあり慢性疾患の一つとなっています。

しかし効果的な治療薬も満足になかった当時、HIVはエイズを発症し死に至る病として恐れられていました。このウィルスは主に性的接触を通して感染しますが、初期の頃、同性愛者や麻薬常用者などに陽性者が拡がり、彼らへの偏見や差別意識とあいまって、エイズ患者への強烈な差別や排除が起こり社会問題化したのです。日本政府も、陽性者を括りだし管理する差別的な対策法を作ろうとして大きな非難と批判が起こりました。今回とりあげる作品は、一九八〇〜九〇年代という、エイズが世界を襲った初期における同性愛者の不安や怖れ、差別への怒り、ウィルスへの闘いを描いています。

差別への強烈な怒りと病いへの恐怖──『BPM ビート・パー・ミニット』

『BPM ビート・パー・ミニット』(ロバン・カンピヨ監督、二〇一七年)。一九九〇年代初頭、フランス。当時、HIVウィルスに有効な治療薬も治療法も確立されておらず、陽性者はエイズを発症し死に至る

『BPM ビート・パー・ミニット』
発売元：TC エンタテインメント
販売元：TC エンタテインメント
©Céline Nieszawer

という恐怖と向き合わざるを得ませんでした。またこの病気の正確な理解も広がっておらず、人々の間には、エイズに対する恐怖、ＨＩＶウィルス陽性者に対する誤解や偏見、嫌悪、差別が当然のように息づいていたのです。

冒頭、狭い会場で何かを語っている男性の姿。会場の袖から若い男女が突然笛を鳴らし、大声で叫んで乱入します。フランス政府のエイズ対策機関が主催した啓発シンポ会場。乱入した若者たちは、対策機関の偽善性を告発するのです。

突然、男性に何かが投げつけられます。血が詰まった小さな風船。もちろん本物の血ではなく血を思わせる真っ赤な液体です。顔にあたり風船が破裂し、男性は血まみれとなるのです。瞬間、状況は一変し、座っていたパネリストたちもパニックになります。

若者たちは「アクトアップ＝パリ（Act Up Paris）」のメンバーです。彼らは、エイズ患者の権利を守るための同性愛者のコミュニティであり、患者支援だけでなく、ＨＩＶ＝エイズの危険性を世の中へ訴え、ＨＩＶ陽性者に対する嫌悪や差別と闘うアクティビストの集団なのです。

大学かどこかの階段教室に集まり、全員で活動を反省し、新たな活動の方針を議論し決めていく彼ら。冒頭の啓発シンポへの「行動」で、〝血が詰まった風船〟を投げつけるという予定外の行為が反省されます。中心メンバーの批判に対して、実際に風船を投げた男性が反論するのです。

乱入しても効果はなく、彼らは「あぁまたやっている」と自分たちをあざけり、眺めていた。だから咄嗟に風船を投げたのだと。男性が血まみれになり状況は一変したのです。彼らから余裕やあざけりの表情は消え去り、投げた効果は十分あったと。教室のみんなは指を鳴らして、その意見に賛同するのです。ゲイ男性が中心だが、女性も参加しているし、ＨＩＶ陽性者も陰性者も参加しています。「もっとも重要なことは、アクトアップへの参加はＨＩＶ反応がどうであれ、メディアや一般市民の目からみれば〝ＨＩＶ陽性者〟だ」と。中心メンバーは新入者に団体を説明するのです。

次に彼らは新薬を開発しながら治験効果など情報を開示しない製薬会社へ「行動」を起こします。社内で彼らは抗議の声をあげながらデスクや壁に一斉に〝血の風船〟を投げつけ、あたりを血だらけにしていきます。悲鳴を上げる社員たち。もちろん血は偽物です。でも社員にとって、彼らは〝エイズ患者〟であり飛び散る真っ赤な液体は〝汚染された血〟なのです。増幅されていく嫌悪や恐怖。

高校の教室へ乗り込み、彼らはパンフを配りながらＨＩＶから身を守るためにコンドーム使用の重要性を説く彼ら。慌てる教師に対し、高校生たちの反応はおもしろい。真面目に聞く子もいれば「ホモ」の病気だから関係ないと露骨に差別する生徒もいます。彼らは降りかかる嫌悪や差別をその場で浴びながら、エイズと闘っているのです。

映画後半は、中心メンバーのショーンがエイズを発症し、彼を心から愛するナタンの献身的看護のなかで亡くなる姿が印象深く描かれます。「具合が悪い。体じゅうが痛い。熱のせいか恐怖なのか、両方か。怖いんだ、たまらなく、どんな時も……。君に会いたかった」と苦しそうに語るショーン。ナタンはそんな彼をまるごと認め、優しくキスし愛撫するのです。ショーンは〝政治的葬儀〟を望んでいました。彼の遺灰は母親に一部分けられた後、「行動」で使われます。企業のパーティ会場に乱入し、彼らは料理に遺灰を撒いていくのです。

政府を批判しデモ行進し、ダイインする彼ら。リーダーが叫ぶ。「エイズは戦争だ。他人の目には見えない戦争。仲間が死ぬ。皆死にたくない。すべての戦争には裏切り者がいる。エイズにも。この病気を〝天の賜物〟と思う人々だ。ゲイ、薬物常用者、売春婦、囚人が死ぬからだ。この病気を利用して憎悪や嫌悪を煽っている。我々は一九八九年からそういう人々と闘っている。……我々はエイズを挑戦とみなす。ともに立ち上がろう。仲間になろう！」この叫びに答えて、一人また一人と彼らは立ち上がっていくのです。

エイズ発症の恐怖と向き合いながら、世間の無理解や差別と闘い、エイズに対する正しい理解を広めようと「行動」する彼ら。畳みかけるような映像から、どうしようもない怒りや苛立ち、目に見えないウィルスやエイズに向き合わざるを得ない恐怖や悲しみがあふれ出します。観ていてヒリヒリとした感情が沸き上がる作品です。

静かな悲しみと恐怖——『ロングタイム・コンパニオン』

『ロングタイム・コンパニオン』（ノーマン・ルネ監督、一九九〇年）。一九八一年の夏。穏やかな日光が降り注ぐビーチ。楽しげに語らい、遊び、酒を交わし、腕を組む男たち。ゲイのパラダイスのような光景からこの映画は始まります。先にあげた作品から一〇年早い設定です。八一年にウィルスが発見され、初期は同性愛者のガンだと報じられています。大金持ちのデービッドとテレビ脚本家のショーンは長年愛を温め続けている中年のゲイカップルです。彼らのもとに若いゲイたちが集まり、楽しく暮らしているのです。麻薬や節操のないセックスさえしなければ大丈夫だと他人事にしておきたいエイズが彼らの日常を徐々に侵していくのです。

映画は、一九八一年七月から始まり、八二年四月には主人公ウィリーの友人が発症し亡くなります。人工呼吸器をつけ苦しむ姿が印象的です。八三年六月、みんなで楽しく庭で食事中、外を歩くカポジ肉腫の男性を彼らは初めて見るのです。

居間でショーンが脚本を書いた昼の連続ドラマを見ている彼ら。主演俳優がゲイであることが婚約者の女性にばれ、そこへ愛する男性が訪れ、代わりに「愛の巣を作ればいいわ」と捨て台詞を吐いて女性が去っていくシーン。見ながら彼らは大盛り上がり。当時、ゲイのキスシーンはテレビで流されることなどなく、同性愛者への偏見や差別が露骨だった状況がよくわかります。

ショーンがエイズを発症します。八四年九月、入院しているショーン。まだ彼は元気です。仲間が病室に集まり、効果があるとされる錠剤をショーンに渡し「病は気から」と精神的に克服することを楽しく語り合っています。八五年三月、家に戻っているショーン。デービッドは彼が脚本の仕事ができるよう手伝っていますが、症状が進み彼はすでに自分で考え判断することが難しくなっているのです。

八六年一月、末期症状のショーン。「死にたい」「死なせろ」とつぶやき続けるショーン。介護の男性を見送った後、デービッドはショーンに語りかけます。「死んでもいいぞ。好きにしろ。自由だ。僕がついてる」。もう死んでもいいぞと語り続けるデービッド。ショーンへの深い想いが静かに伝わってきます。直後亡くなるショーン。八七年五月、デービッドの追悼式のシーンです。一年後彼もエイズを発症し亡くなっていたのです。親友ショーンを懸命に看病したデービッド。誰かに献身することの意味を教えてくれたと語るウィリー。

八八年九月、ウィリーのパートナー、ファジーはエイズ患者の支援組織で働いています。患者ボランティアをしているウィリー。エイズを発症し干された俳優ハワードはカムアウトし「エイズと共に生きる」というイベントの司会をしています。みんなそれぞれの場所でエイズと闘っているのです。一九八九年七月、砂浜を歩いているウィリーとファジー。砂浜の向こうから大勢の男たちが楽しそうに駆け下りてきます。ショーンもデービッドもいます。この九年間エイズで亡くなった男たちの幻影です。彼らと抱擁をかわすウィリーとファジー。幻想的で印象的なシーンです。「僕は生きるぞ」とウィリー。

エイズが発見された初期、偏見や差別の中で感染の恐怖と向き合い、闘うことも難しく、仲間を失っていったゲイの日常。スナップショットとして描かれるなかに、静かな悲しみがにじみ出てくる作品です。

圧倒的な歌と舞台の迫力――『RENT　ライヴ・オン・ブロードウェイ』

『RENT　ライヴ・オン・ブロードウェイ』（マイケル・ジョン・ウォーレン監督、二〇〇八年）。HIV感染被害という問題は、陽性者やエイズ発症者への強烈な差別や排除を生み出すだけでなく、アメリカの社会や文化にも絶大な影響を及ぼしました。RENTはHIVが生み出した傑作ミュージカルであり芸術的な「成果」といえます。

ニューヨーク、イーストヴィレッジ。映像作家としての成功を夢みながら日々カメラを回し続けるマーク。ドラッグ依存から回復し死ぬ前に素晴らしい一曲を作りたいと願うロジャー。アナーキスティックな思想が制度になじまず大学を解雇されたトムコリンズ。彼らは家賃（RENT）すら払えない生活を送りながらも自由だけは絶対に捨てようとしない若いアーティストたちです。

一九八九年のクリスマスイブ。暴漢に襲われケガをしたトムコリンズはエンジェルと出会い恋に落ちるのです。ゲイでＨＩＶ陽性者のエンジェル。トムコリンズも陽性者であり、エンジュルは当事者たちが語りあう「ライフサポートの会」へ彼を誘うのです。

ダンサーのミミがロジャーにモーションをかけるが、彼はなぜか受け入れようとしないのです。実はロジャーも陽性者であり、ミミと愛を交し彼女を感染させてしまうことを怖れていたのです。後にミミも感染者であることがわかり、今を生きようと愛し合う彼ら。

マークをふった女性ジョアンヌは立ち退き抗議ライブのパフォーマー、モーリーンに夢中です。彼女たちも同性愛者です。ゲイでも陽性者でもない、いわば「ふつう」の存在マークが狂言回しであり、彼がカメラを回し記録するなかでＨＩＶ感染した仲間の〝物語〟が展開していくのです。集まった一人一人が思いを語りあうライフサポートの会の場面。もって一年と医師に宣告された若者が三年元気で生きています。でもいつエイズを発症するかわからない恐怖。「もうすぐやってくる死」と常に直面して生きる彼ら。でも悔やんでも仕方がない。それよりもいまを見つめ、いまをしっかりと生きようと唄うメンバーの歌がすばらしいのです。

印象的なシーン。発症しトムコリンズの腕の中で亡くなっていくエンジェル。それは当時ドキュメンタリーで頻繁に流されていたエイズ患者が亡くなる実際の場面そのものなのです。そのリアルさに私は驚きました。エンジェルという存在も素敵です。ロジャーたちが諍いを起こすとき、諍いをおさめ、彼らに愛を振りまいていくエンジェル。ラスト近く、発症したミミを彼らは懸命に看護します。看護もむなしく息を引き取るミミ。悲嘆する彼ら。でも次の瞬間、ミミは息を吹き返すのです。驚く彼らにミミは向こうの世界でエンジェルと出会い「戻れ」と言われたと語るのです。まさにエンジェルは「天使」です。

本作品には、ＨＩＶ、同性愛、ドラッグ、貧困というテーマが詰まっています。ブロードウエイでのロングラン上演。千秋楽の舞台を録画編集した二時間一五分。美しい歌やセンス満載の歌詞、エイズ感染者への支援という確かなメッセージに圧倒されます。

私は大学で映画やドキュメンタリーを視聴し詳細に読み解くことで社会学的想像力を鍛える演習をずっとしてきました。映画には人間の「生きづらさ」や社会問題、文化の細かい襞《ひだ》を考えることができる素材が満ちているからです。演習で学生にそのことを話し、まず最初に見せるのがこの作品なのです。ミュージカル好きの学生も関心がなかった学生も、この作品が訴えるメッセージの確かさ、音楽の素晴らしさに魅了され、彼らの多くは嵌まり、映画から社会学を考えることの意義や面白さに気づきます。毎年彼らが語る感動の言葉を聞きながら、音楽の力、歌の力を私は確認しています。

SCENE 4

障がい者問題を考える①

障がいある人が軽やかなそして充実した人生を生きている姿を見る瞬間、私たちの中にある障がい者をめぐる「決めつけ」や「思いこみ」に亀裂が入り、それらが〝意味なきもの〟として崩れ去っていく実感を得ることがあります。

「あたりまえ」の中に息づいている「決めつけ」や「思いこみ」から解き放たれることで、私たちは障がいある人を〝もう一人の他者〟として理解し、向き合うことができるのです。

これまでこうした解放に大きな影響を与えてきた数多くのドキュメンタリーがあります。一九七〇年代以降、数多くの優れた作品が創造されてきています。そのすべてを紹介し、読み解きたいところなのですが、この章では、厳選し、必見の作品を紹介します。

障がい者ドキュメンタリーの原点──『さようならCP』

『さようならCP』（原一男監督、一九七二年）というドキュメンタリーがあります。一九七〇年代、重い障がいを持つ我が子を母親が殺すという事件に対し、母親への減刑嘆願が起こります。障がいをもつ子を一人で育てる母親の〝苦労や大変さ〟への同情からなのです。こうした世間的な動きに怒りを全面に出し、人間として生きて在る権利をラディカルに主張したのが脳性マヒ者の運動団体「青い芝の会」

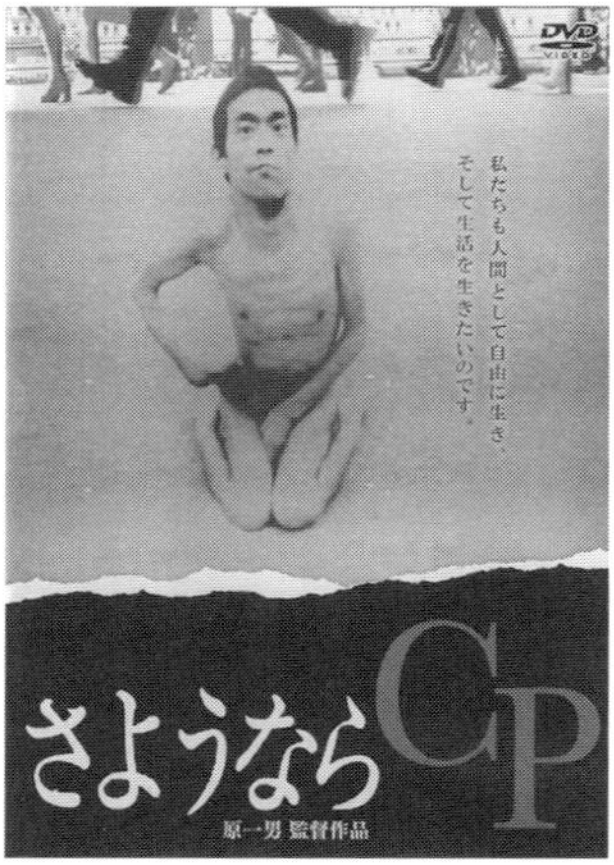

『さようならCP』
画像提供：疾走プロダクション

の障がい者たちです。街頭で拡声器を持ち、自らの主張を語る彼らの姿。「重症児は殺されていい存在なのか！ 青い芝の会」という手書きの看板が映像から見えます。

本作品は彼らの身体や語りを正面から捉えようとしますが、一連の映像をどのように解釈したらいいのかという手がかりや手助けは、映像のなかにほとんどありません。障がいある男性たちが自己語りをする場面、長時間彼らのアップが続きますが、言語の障がいに程度差があり、何を語っているのか容易に聞き取れないときもあるのです。しかしドキュメンタリーに字幕はありません。

当然ながら、いったい何を語っているのだろうと映像に注意を集中することになり、見ていて、エネルギーを使い、かなりくたびれるのです。一見、不親切に思えるこうした映像も、まさに障がいをもつ自分たち存在にまっすぐ向き合えという主張を映像製作者が伝えようとしたのだと了解できるのです。この作品は、すでに多くの評価を得ている優れた作品ですが、私は、こうした人間理解をめぐるぶっきらぼうな主張が、見る側に投げつけられる映像構成の〝荒っぽさ〟に魅力を感じます。世間によくみられる「福祉的マインド」に満ちたドキュメンタリーやドラマから感じ取れる、とってつけたような人権啓発的においは微塵も感じ取れないからです。

あらためて見直してみました。彼らが街宣活動、カンパをしている場面。バスを待つ多くの「健常」

の人々が、興味深そうにそして迷惑そうに、一定の距離を保って、遠巻きに彼らを見ています。幼い娘に小銭を渡し、娘にカンパさせる母親の姿。彼らからビラを受け取り足早に通り過ぎる人。こうした映像に「健常」の人々の語りが淡々とかぶさっていくのです。

「なぜあなたはカンパしましたか?」「なんか気の毒だと思って」「かわいそうだから、あげました。」「やっぱり、あの、普通の人と一緒に働けないでいらっしゃるからね。」「まぁ、私たち健康でめぐまれておりますんで、そのぶんだけ出させていただきました。」

「気の毒でねぇ、なんとも言えないものですからねぇ。」

「同じ人間なのに不幸にしてああなったわけでしょ。」

「自分の子どもが丈夫ですからね。ありがたいと思いまして」等々。

彼らを憐れみ同情しさげすむ語りが、これでもかと繰り返されます。

今一つわかったことがあります。このドキュメンタリーは自らの生を直截に訴える障がい者自身のアップと彼らから平然と〝距離〟を保ち生きている「健常」の人々がいる遠景から成っているのです。男性の欲望やどのようにして欲望を満たしたのかを、向けられたマイクに明け透けに語る男性障がい者たち。彼らのアップが延々と続きます。このシーンはおそらくは男性のうちの一人の自宅で撮られているのでしょう。彼らに家庭の日常を蹂躙されて怒り心頭の障がいある妻の姿。夫婦喧嘩もカメラは追い、彼女にもマイクが向けられるが、マイクをはねのけ、子どもとともに別室にこもってしまう彼女。

あるいは新宿駅地下街へ出向き、行きかう「健常」の人たちへ詩を語ろうとする男性。自分がやろうとすることを周囲へ伝えようとするがうまくいきません。そこで映像製作側の女性が「この男性は詩人です。彼は今から詩を語りますので、聞いてやってください」と。私は「聞いてやってください」の言葉にしらけてしまいました。

ドキュメンタリーの終わり、道路の真ん中に座り込む障がい者男性。次の瞬間、彼は一糸もまとわない姿で座り込んでいる。当然こうした映像は、象徴的に見る側に何かを伝え、訴えているといえます。

こうしたシーンがすべて、彼らだけを見つめた映像であり、そこには他の誰もいないことが私は気になりました。正確に言えば、新宿の地下街を急ぎ足で通り過ぎる多くの「健常」の人々がいて、道路のはるかかなた向こうや公園の離れた遠いところには「健常」の人の姿が見えています。しかし私には、アップされる障がい者と「健常」の人々がいる場所の間にあるどうしようもない〝距離〟が印象に残ったのです。

一九七〇年代、この〝距離〟を埋める「健常」側の努力も工夫もありませんでした。そのことをこの作品は端的に訴えています。

カーテンの向こう側の世界をのぞく――『精神』

『精神』(想田和弘監督、二〇〇八年)という作品があります。この作品は、もう一人の「他者」として、障がいある人の生きる姿を見つめようとします。精神病の世界は、多くの人にとって、カーテンの向こう側の世界のようなものです。カーテンをめくって、その世界をのぞいてみたい。こんな関心から想田は地域での精神病治療を実践している、こらーる岡山の山本昌知医師を訪ね、映画の撮影をお願いするのです。

想田は、この作品を「観察映画」と名づけていますが、映画を見て驚くことが二つあります。

一つは、ナレーションが一切ないということです。通常のドキュメンタリーであれば、ナレーションは適宜挿入され、それは見る側にとって映像を効率よく理解するうえで、便利なものです。ただ他方で、ナレーションは、このように理解するのが適切であるといったような微細であるが強力な力を行使し、見る側が喚起できる自由な想像力を規制してしまいます。いわば見る側がナレーションの〝磁場〟から逃れることはなかなか難しいのです。

いま一つは、この映画には人物や場所の特定を避けるためのモザイクが一切ないということです。これは想田が著書でも述べているように、登場人物の顔にモザイクをかけることで、私たちは持ってしまっている精神病の世界に対する偏見などの思いこみや決めつけが一気に作動することになり、映画の意図は完璧に崩れてしまうのです。

映画では複数の患者さんが登場します。もちろんモザイクはかけられていません。彼らと山本医師との診察のやりとりが重ねられ、彼らは、カメラに向かって自らの病歴やこれまで生きてきた歴史、いまどのようなことでしんどいのかなどをまっすぐに語っていきます。さらに彼らの自宅で、訪問ヘルパーさんとのやりとりが描かれ、自宅での語りが続くのです。

鬱になったときの辛さや表現できないようなしんどさ。自殺願望があること。統合失調症になってから今までどう生きてきたのか。精神病になっている自分を周囲がどのように見て、どのような対応を受けてきたのかなど。当事者が語っていく映像が続くのです。診療所や地域実践の場を支えているスタッフの語りも入りますが、基本は当事者の語りの連続であり、映画に山もないし谷もありません。しかし映像に飽きることなく、見る側は彼らの語りに、そのまま囚われてしまうのです。

精神病患者という言葉やカテゴリーが先にあって、映像をみるのではない。まず彼らの映像や語りに向き合い、そこから彼らの世界を想像しようとする。この映画は、そんな見方を思わずしてしまうのです。だからこそ、映画を見終わったあとは、しっかりと疲れています。ただ見終えて、確認できたことがあります。

それは精神病の世界をめぐる理解ではありません。いろいろと語ってくれた彼らは、精神病の世界で暮らしているのです。その世界に入ってしまうことになる事情やわけはさまざまであり、目の前で語ってくれた人々と私は、生きていくうえでさまざまな違いがあることが想定できるのですが、彼らの存在自体は、まさに見ている私という存在がいま生きている世界と同じところにいるもう一人の「他者」なのだという実感なのです。

見えない、聞こえない世界を生きる——『もうろうをいきる』

『もうろうをいきる』(西原孝至監督、二〇一七年)。見えない、聞こえない世界を生きる。それはいったいどのような日常を生きることになるのでしょうか。ドキュメンタリーでは、盲ろうを生きる八名の普段の様子が描かれています。

親の介護を続け、親が亡くなった後も家事を続けている女性。食器を大きな洗面器を使って上手に洗い、食器を乾燥機に並べて、スイッチをひねる。庭に出て、長いポールを取り出し、物干し台にかけ、手探りで洗濯物をポールに干していく。月に数回、通訳介助のヘルパーさんと一緒にスーパーにでかけ買い物をする。彼女にとって住み慣れた家や庭という世界では一人でいろいろな用事をこなせるが、通訳介助者との触手話を通したふれあいが外の世界と繋がれる唯一の手段であることがわかるのです。

東日本大震災の津波ですべてが流された街。復興工事が続くなか、介助の女性と共に男性が歩いています。女性が周囲の様子を説明すると、「数段の石段があると思いますが、そのうえに私の家があったのです」と当時の記憶をたどり津波前の地域を説明していく男性。彼にとって津波の被害は、普段自由に歩けた地域を丸ごと奪われてしまうものだったのです。彼は言葉豊かに地域の記憶を説明し「いろんな盲ろう者がいるが、誰とも出会わないで、ただ一人の人もいるかもしれないけれども、そうした人と私は繋がっていきたい」と自分の思いを語ります。

週五日、作業所に通い、化粧箱を折る仕事をしている若い男性。数多くのメダルが映されるのですが、彼は国際大会へ出るほどの柔道の腕前なのです。「健常」の子どもたちと一緒に道場で稽古をする姿。彼もまた触手話を通して作業所の仲間とやりとりをしています。もっと仕事をふやしてメンバーにより多くの給料を支払いたいと思いを語る作業所長。男性がいま一番気になっていること。それは恋愛であり、結婚して家庭を持ちたいという望みがあるのです。そのためにはもっと働かないといけないと笑顔で語る姿が印象的です。

先天ろうで弱視、視野狭窄の女性。彼女は一般企業の人事部で働き、休日は能や歌舞伎を見るのが楽しみだといいます。通訳者とのやりとりがくっきりと印象に残ります。「もし生まれ変わることができるとすれば、聞こえる人に生まれたかった」と語る彼女に、手話通訳の女性は思わず涙を流すのです。「大丈夫?」と女性を気遣う彼女。今まで当事者から「ろう文化」を誇りに思い、ろう者でよかったという言葉を聞き続けてきた通訳の女性。そうではない「意外な言葉」と出会い、驚き、思わず涙を流してしまったのです。でもこの女性の語りこそ、心の底にある本当の思いから出たものではないでしょうか。その思いが映像から伝わってくるのです。

全国盲ろう者協会の職員として働く女性。通勤する様子、仕事場での他の職員とのやりとりが淡々と映し出されます。帰宅し料理を作っている彼女。夫がテーブルで待っています。夫の手を取り、触手話でやりとりする彼女。夫も盲ろう者なのです。なぜ彼女を気に入ったのか。姿や声はわからないけれど、メールや手紙で書かれた文章がとてもきれいで、好きになったと語る夫の表情は優しくすてきです。盲ろう者同士の夫婦で生計を立てることができているモデルケースだということです。

一連の映像を見て、はっきりすることがあります。見ることと聞くことができないとき、人は自分から他者に向かって動くか、他者がその人に向かって動かない限り、その人は音や声、光や映像がない世界にただ一人で生きざるを得ないという事実です。もちろん、この世に生を受けて、いつの時点で視覚や聴覚を失うかによって、本当に多様な盲ろう者がいることも実感できます。でもお互いからの「働きかけ」がない限り、盲ろう者と他者や他の世界との繋がりは生まれないのです。彼らが、人として生きていくうえで必須なもの。それは「人の力」です。ドキュメンタリーに登場している福島智さんは、そのことを端的に語っているのです。盲ろう者が生きているリアルとはどのようなものなのか。この作品は、そうしたリアルを想像する力を私たちに与えてくれるのです。

SCENE 5

障がい者問題を考える②

障がい者はこれまでどのように描かれてきたのでしょうか。「同情・憐憫の対象」、障がいを克服した「賞賛の対象」。この二つのイメージが典型的です。しかしすでにこうした典型的イメージに大きな変動が生じつつあります。一九九〇年代に日本でも自立生活運動が展開し当事者の主張や実践などが社会や文化に大きな影響を与えました。そして不十分ながらも障がい者に対する差別を禁止し障がい者への「合理的配慮」の必要性を明確にした法律もできました。いま私たちには障がい者を差別してはいけないという意識がより確かなものとして位置づいてきているのです。そして決まりきった姿ではなく「もう一人の人間」「もう一人の他者」として障がい者を描く優れた作品が増えてきています。

本章では私が大好きな素敵な作品を紹介しましょう。

ジョゼの輝きと恒夫の優しさ――『ジョゼと虎と魚たち』

『ジョゼと虎と魚たち』（犬童一心監督、二〇〇三年）。静かに心にしみこんでいく作品です。両足が動かない少女。老婆は彼女を「こわれもの」と呼び、世間様の目にふれないよう暮らしています。押入れには老婆がゴミ捨て場から拾ってきた雑誌や本の山。そこから知識を得て空想を拡げる少女。彼女のお気に入りはF・サガン『一年ののち』。主人公の名はジョゼ。彼女は自分のことをジョゼと呼んでいるの

『ジョゼと虎と魚たち』
発売元：アスミック・エース
販売元：TCエンタテインメント

です。人通りの絶えた早朝、老婆は彼女を乳母車に乗せ毛布をかぶせ散歩します。坂を転がりおりてくる乳母車。坂の上でへたりこむ老婆。ガードレールに衝突する乳母車に遭遇してしまう恒夫。「にいちゃん、見たって」と老婆。乳母車をのぞきこむ恒夫に、ジョゼは隠し持っていた包丁を振り回すのです。驚き、へたりこむ恒夫。ジョゼと恒夫の出会いです。老婆の家まで乳母車を押していく恒夫。「朝飯、食っていくか。いやか」。気が進まないが断れずコタツに入り待つ恒夫。台所に置かれた台にすわりダシ巻を作り、台から床へダイブし、コタツまで朝食を運び、押入れまではっていき、自分のお茶を入れるジョゼ。その様子に圧倒されている恒夫。味噌汁をすすり、ダシ巻を食い、おいしさに驚き、飯をかきこんでいくのです。

恒夫は、どこにでもいそうな大学生です。飯のうまさに惹かれたのか、ジョゼの不思議な魅力に惹かれたのか、老婆の家を何度も訪れる恒夫。「どあつかましい男やな」と言いながらも飯をつくるジョゼ。おそらくジョゼは恒夫に惹かれていたのでしょう。他方恒夫はジョゼが気になっていたのか、なんともいいがたい優しさを軽やかにそして無責任にあふれさせていくのです。二人の関係は静かに深まっていくのです。

恒夫は、老婆に住宅改造の福祉サービス利用を強引に説得し、家が障がい者用のバリアフリーになります。福祉の勉強のためにと恒夫は付き合っている女子大生を連れてきます。恒夫と彼女の姿を見て傷つくジョゼ。雨の日、家を訪ねた恒夫は老婆から拒絶されるのです。鍵が閉まった玄関。「あんた、たのむさかいな、ここへはこんといてくなはれ。あの子はな、こわれもんですねん。あんたみたいなお人にどないもできんのとちゃいますかな。さよなら。お元気で」とどすの効いた老婆の声。室内では泣き伏すジョゼの背中を老婆がさすっています。その後、恒夫はジョゼに会うことはありません。就職活動先でたまたま老婆の死を知り、家に急ぐ恒夫。久しぶりにあう二人。「あんたなんか出て行け」。出て行こうとする恒夫に「出て行けと言われて出て行くようなやつは出て行け」「いかんといて」「ここにおって」とすがりつくジョゼ。二人は結ばれ、恒夫が引っ越してきて、二人の暮らしが一年数ヶ月続きます。その後恒夫が家を出て別れます。こんな二人のラブストーリーなのです。

なぜ、心に静かにしみ込んでいく映画なのでしょうか。それはジョゼが恒夫に向けるいとおしいまでの愛が、受けとめようとする恒夫の優しさが丁寧に描かれているからです。ジョゼの障がいも自然に描かれ、啓発臭も感動を強制するようなシーンなどもありません。そうした歪みがないからこそ、ジョゼの障がいをめぐる場面や語りが活き活きとします。

印象深いシーン。恒夫をとられた女子大生がジョゼを呼び出し、顔をひっぱたくのです。「あなたをひとりぼっちにさせられへんとか、そばにいてやれるのは自分だけやとか、恒夫君が言うのがおかしくって。だってあの人、そんなご立派な人とちがうもん。正直、あなたの武器がうらやましいわ」「ほんまに、そう思うんやったら、あんたも足切ってもうたらええやん」

どこにでもいそうな普通の大学生が、ひょんなことでジョゼと出会い不思議な魅力に惹かれ、ジョゼが恒夫の優しさに惹かれ、二人は愛しあう。結婚という文字がどこかでちらつきはじめたとき、恒夫は

「ひるむ」のです。「お魚の館」というラブホテルで一夜を過ごすシーンが印象的です。ジョゼは別れを予感しています。「目を閉じて」とジョゼ。「ん」「何が見える?」「なーんにも、まっくら」「そこが昔、うちがおった場所や」「どこ?」「深い深い海の底。うちはそっから泳いできたんや」「なんで?」「あんたとこの世でいちばんエッチなことをするために」「そっかぁ、ジョゼは海底にすんでたのか」「そこは光も音もなくて、風も吹かへんし、雨もふらへんで。しーんと静かやねん」「さびしい?」「別にさびしくはない。はじめから何もないねんもん。ただゆっくりゆっくり時間がすぎていくだけや」「うちはもう、二度とあの場所にはもどられへんのやろ」「いつかあんたがおらんようになったら、迷子の貝がらみたいに、ひとりぼっちで海の底をころころころころころがり続けることになるんやろ」恒夫はもう寝息をたてています。「でもまぁ、それもまたええしなぁ。」とジョゼ。

電動車イスに乗り、買い物にいくジョゼの後ろ姿がうつるラスト。この後ろ姿がとてもいいのです。DVDの未使用シーンには電動車イスに乗り、通りから家に入るジョゼの映像がありました。これではジョゼの「たくましい姿」が印象づけられ自立をめぐる定番の啓発臭が一気に漂ってしまいます。後ろ姿でよかった。そのほうがまさにジョゼが「生きている匂い」が伝わってくるからです。

脳性マヒを生きる女性の内面を描く――『オアシス』

『オアシス』(イ・チャンドン監督、二〇〇二年)。ヴェネチア国際映画祭で受賞し、世界で高い評価を得ている作品です。

刑期を終え出所したばかりの男性。彼には複数の前科があり、世間的な道徳や常識からはずれ、周囲に小さな迷惑やいさかいを起こしながらも飄々と生きています。他方、脳性マヒの障がいをもつ女性。

彼女は、狭いアパートで一人暮らし、窓から入る日光を鏡に反射させ、天井にゆらめく光を羽ばたく白い鳥と想像して遊んでいます。放り出した鏡が割れ、反射する光も細かく分散してしまう。そのとき、彼女の想像は、白い鳥から多くの白い蝶へと変化するのです。彼女自身の心象風景を描く、こうしたシーンはとても素敵です。あるとき、彼らは出会い、男性は彼女のことが気になり、アパートに入り込み、レイプしようとします。必死に抵抗する彼女。しかし叫ぼうにも声にならず、身体も極度に硬直し、しまいには失神してしまうのです。倒れた彼女に驚く男性。彼は我に返り、彼女の顔に水をかけ、意識を戻そうとします。意識が戻った女性に男性は懸命に謝罪するのです。おそらくは障がいある女性をレイプしようとした自分の姿を恥じ、心を入れ替えたのでしょうか。その後男性は女性のアパートにでかけ、二度と犯そうなどとはせず、いろいろと世話を焼くのです。何度も車イスに乗せ女性を外出させる男性。こんなデートを繰り返しながら、徐々に女性も男性の素朴な想いをうけいれ、二人の関係は次第に深まっていくのです。

ある晩愛し合おうとする二人。そこで悲劇が起こります。突然女性の家族がやってくるのです。福祉援助の審査があるときだけ自宅へ戻し、それ以外は彼女をアパートでほとんど放置していた家族に、二人の関係や二人の想いなどわかるはずもありません。男性は強姦未遂で再び逮捕されるのです。

ラスト。光射し込む明るい部屋を手ぼうきで掃除している女性。かぶさる獄中からの男性の手紙の声。「愛しのお姫様、将軍でございます。お元気でしょうか。私は毎日元気でございまする。〝臭い飯〟も食べてます。～～〝臭い飯〟にサヨナラして豆腐が食べたいです。～～シャバに出たらおいしいお料理をごちそういたしまする。次のお便りまでお体大切になさいませ。」刑期を終えたら男性が自分のもとに戻ってくる。それを女性は楽しみにしているのです。打算や計算も何も感じない二人の不思議な愛の深まりと突然の強引な別れ、でも二人の想いは途切れることなく、さらに深まり続いていくことを予感させるセンスあふれるラストです。

私がすごいと感じ入ったのは、主演女優の演技です。硬直し不随意に動く手足、硬直した表情、口元、言語障がいでの語りづらさなど、脳性マヒの女性の普段の姿を見事に演じているのです。外見だけを似せるのではなく、まさに人間として内面から障がいある女性を演じようとする迫力が伝わってきます。DVDの特典映像にある女優のインタビュー。そこで彼女は役作りについて語っています。実際脳性マヒの女性に何度も話を聞きにいき、仲良くなり、いろいろと教えてもらったと。その過程で女優は自分の中にある障がい者への偏見に気づいていった。自分の中にある偏見と向き合いながら、どのように演じればいいかを試行錯誤していったのだと。

彼女は、障がい者、脳性マヒ者というカテゴリーを演じたのではありません。そうではなく、生きざまに由来する深い内面をもつ女性を「もう一人の他者」として捉え、その人に脳性マヒという障がいがあり、その人がどのように生きているのかを想像し、演じたと言えます。映画には、脳性マヒで身体が硬直し痙攣する女性の姿と障がいから由来する硬直や痙攣から瞬間解放され、心象世界が自由に展開する女性の姿が交錯するシーンが何度もあります。それは幻想的ですばらしいのです。

やればできるさ!――『人生、ここにあり!』

『人生、ここにあり!』(ジュリオ・マンフレドニア監督、二〇〇八年)。映画の原題は「やればできるさ!」です。一九八〇年代イタリアでは、バザーリア法という法律が制定され、次々に精神病院が閉鎖され、収容されていた病者たちが、地域で暮らし始めたのです。その時代、病者も共に住むことができる地域づくりが挑戦されたのです。この作品は、彼らと共に暮らすという地域づくりの挑戦のなかで起こった実話をもとにしたものです。

ミラノで労働組合から追い出された主人公ネッロ。彼は精神病院の元患者たちの協同組合の運営を任されることになります。しかしそこは強烈な個性をもつ雑多な元患者の集まりであり、封筒への切手貼り作業など単純な作業を行政から委託された、形だけの組合でした。医師はあくまで彼らを精神病者として扱い、過去の病歴を盾にして彼らを管理しようとしていたのです。ネッロは、元患者一人一人の精神的な病いについてはわからない。ただ共同組合のメンバーとして、一人の労働者として対等だと考え、実質的に彼らが労働して利益を得るように組合活動ができないかを模索していくのです。

委託された封筒への切手貼りの作業。ある男性は封筒の隅に切手を貼らず、「でたらめ」に貼っている。彼はネッロに切手を貼った封筒の束をパラパラマンガのようにめくって見せる。すると見事にらせんを描いて切手は貼られていたのです。決して「でたらめ」に貼っていたのではないのです。彼の中で秩序ある緻密な作業だったのです。精神病者としてだけ見るかぎり、彼らの作業に隠されている意味はわからず、彼らは「切手もちゃんと貼れない人間」となってしまうのです。ネッロは、組合員一人一人の〝個性〟に気づき始め、常にみんなで議論し方針を決めていくという営みを通して、仕事をして稼ぐ意義を彼らに伝えようとします。ある偶然から彼らには寄木貼りの才能があることがわかり、床や壁の寄木貼りを中心に彼らの組合活動は軌道に乗ります。もちろんうまいことは続きません。彼らが地域へ出て、他の人々と密接な関係を築こうとしたとき、ある悲劇が起こってしまいます。ネッロは責任を感じ、組合の管理を辞するのですが、病院の元の場所に戻された彼らは、もう以前の「元患者」ではありませんでした。どうしたいかを自分たちで議論し決め、ネッロを迎えに行くのです。

この映画には三つの暴力シーンが登場します。いずれもルカという男性の暴力なのですが、その三つの意味は確実に異なるのです。最初、ネッロが初めて彼らと出会った場面、いきなりルカはネッロに殴りかかります。まさに「突発的暴力」であり予想がつかない「患者」を象徴させます。二つ目のシーン。ルカの仕事仲間の若い男性が好意を抱いた女性の家でのパーティの場面。ある語りがきっかけで若い男性の症状が出て、彼は食べているものを戻してしまいます。彼の真似をしてみせ、からかいおどける男たち。ルカはその男たちに殴りかかります。これは「突発的暴力」ではありません。好意を抱いていた女性の目の前で症状を出してしまった若い男性への思いやりとからかう男たちへの怒りの発露なのです。三つ目のシーン。組合活動を再開することを決め、彼らがネッロを迎えに行く場面。ネッロは知り合いのファッションショーで仕事をしていました。そこに彼らが乗り込みネッロと交渉します。ショーを中断されたことへの怒りからか、精神病者を侮蔑する言葉を吐く知り合い。それに対してルカはパンチを食らわすのです。これは明らかに自分たち病者に対する侮蔑や差別、排除に対する抵抗として読めるのです。三つの暴力シーン。そこには明らかに彼らが組合活動を通して地域で暮らすことの意味を確認し、人間として成長しているのだというメッセージが組み込まれているのです。

SCENE 6

高齢者問題を考える

いま日本は世界一の高齢者国となっています。毎年生まれてくる子どもの数も増えることはなく、今後もこの状況は続くでしょう。高齢者問題とは何でしょうか。その本質は私たちが高齢になっても暮らしが安定し、命が尽きるまで、幸せに生きることでしょう。ただそれは確実に理想の一つであり、年金問題、認知症などが象徴するように高齢者が生きづらい現実が私たちの目の前に横たわっているのです。

もちろん死ぬまで元気な高齢者も多いでしょう。ただこれまでの映画を見る時、元気な高齢者の姿を颯爽と描いた作品は少なく、多くは認知症などの「生きづらさ」をテーマとしたものなのです。歳をとり、身体の機能が徐々に低下していくなかで、人間は確実に老いていきます。「老化」というテーマを手がかりとして、優れた作品を紹介します。

折れて老いても、美しく輝くいのち――『折り梅』

『折り梅』（松井久子監督、二〇〇二年）。DVDの裏には「全国一〇〇〇ヶ所一〇〇万人が泣いた感動の実話」とあります。一人で元気に暮らしていた政子が主人公です。ところが三男夫婦と同居を始め、たった一人で一日中部屋にいる政子に物忘れが始まっていくのです。ゴミ出しで妻の巴に言われた場所を忘れ、政子はお向かいの玄関先へゴミを置いてしまいます。巴は政子の変調に気づき、パートで自分が家にいない間はガスを決して使うな、家の中のことを何もするなと厳しく言うのです。自分で何もしなくてもいいようにと用意された昼食の弁当を見つめ、政子は苛立ち、中味を床へ放り投げ、自分の部屋へ去っていきます。床に飛び散った弁当の中身を拾いながら腹立たしく情けなく、「くそばばぁ、くそばばぁ、くそばばぁ」と巴は呟き、自転車に乗りパートに出かけていくのです。

アルツハイマー型の認知症が進んでいく政子。物忘れに戸惑い、変わりゆく自分の姿への悩みを誰にも語れず苛立ち苦しむ姿が印象的です。一方、巴には苛立ち悩んでいる義母の姿が見えないのです。家のことはすべて主婦がやれと夫は何もしようとしません。巴は義母との諍いに疲れきっており、悩み苦しんでいる自分に気づこうともしない夫、自分がいまどんな本を読んでいるのかさえ興味を示さない夫に嫌気がさし、「もういい」と巴は家を出て行くのです。もちろん子どもや義母を放っておくことなどできず、家出少女とゲームセンターで憂さ晴らししジャンクフードを食べ自販機の前で少女と語りあかし、彼女は翌朝、台所にたっているのです。その後、政子が家出し彷徨い歩き、雨の中、義母を探し続けた巴は寝込んでしまいます。巴の姿で思い知り、夫は母親を施設に入れることを決めるのです。でもその頃には巴の義母に対する見方は大きく変わってきています。認知症が進んでいるが、政子の背後に時折ゆらめく〈ひと〉としての〝いのち〟の輝きをどこかで感じ始めているのです。施設に入る前日、義母と一緒に寝る巴。まるで子どものように巴の胸に手を置き、安心したように眠る政子。巴は胸に手を置かれ、一瞬何が起こったのかと驚きながらも政子の姿を見入っています。翌日、施設へ向かう途中、自分が懸命にそして楽しく生きてきた歴史を懐かしそうに政子が語ります。語る姿に巴は〈ひと〉としての〝厚み〟を感じとり、義母を施設に入れず家でともに暮らそうと決めるのです。

物忘れで面倒ばかり起こす義母の世話を悩むのではなく、物忘れはするが分厚い歴史を生きてきた

〈ひと〉とどのように向き合い、寄り添い、支えて、ともに時間をすごしていけるのだろうか。パートの友だちから聞いた認知症高齢者への取り組みへ政子を連れて行く巴。そこで巴は、物忘れに苦しみながら、いかに家族に迷惑をかけていたか申し訳ないという政子の言葉を聞き感動し、いかに自分が政子に向き合っていなかったかを思い知るのです。取り組みの場で、絵を描く才能にめざめた政子。素朴だが優しく力があふれた絵が映画の中で次々に出てきます。実はこの絵は、巴の肖像画以外は実話の当事者が描いたものなのです。ＤＶＤの特典映像には、実際の絵がおさめられています。花や器など、丁寧に描かれた静物画が年を追うにつれ、素朴な線描に変貌していきます。進行する認知症を生きていることが絵から実感され、とてもリアルな何かが伝わってきます。

確かに痴呆を生きる義母と嫁との葛藤を描き、それを乗り越えていく「感動の実話」です。でもこの映画の凄さは、政子と巴という二人の女性の〝生きざま〟を描いたところであり、特に巴の意識の変化、政子の人生の〝厚み〟を思い知り、〈ひと〉としてどう向き合えるか、今後をどう生きていくのかを、普段の暮らしから決して離れることなく描いてみせたところなのです。介護や世話の工夫が先ではない。〈ひと〉であることをまず認め、〈ひと〉が生きている時間や歴史を「いま、ここ」の瞬間、大切にしていくことがいかに重要であるのか。そんなことが実話に基づいた二人の名女優の迫真の演技から見る者の心に刻み込まれるように届いていくのです。

自分の家に帰りたいと語る政子。名前と住所を聞く巴。正確に子どもの頃住んでいた住所を告げる政子。「そんなに遠くてはこれから帰るのも大変だ、今日はここで泊まっていってください」と優しく語りかける巴。その言葉に甘え、泊まらしてもらおうとする政子。お茶を飲みながら、語り合う二人の姿。人間はどんな関係があろうと、もともとは別の存在だ。でもお互いが相手の〈ひと〉らしさに「今、ここ」で向き合うことから生きていけるのだと。そんなことを象徴する静かなラストシーンです。

つれあいと最後まで暮らすということ――『ぼけますから、よろしくお願いします。』

『ぼけますから、よろしくお願いします。――広島県呉市。泣きながら撮った一二〇〇日の記録――』(信友直子監督、二〇一八年)。『ぼけますから、よろしくお願いします。～おかえりお母さん～』(信友直子監督、二〇二二年)。二本の優れたドキュメンタリー。すでに多くの映画賞をとり評価が高い作品です。まとめて紹介します。

東京で映像制作の仕事をしている娘。帰省したとき、八五歳の母の様子がおかしいことに気づきます。物忘れが気になるのです。病院で検査してもらった結果、アルツハイマー型認知症という診断。症状を遅らせるため、母へ投薬治療が始まります。「自分が帰ってこようか」と問う娘に「わしが元気で動けるあいだは、そがいに心配して帰らんでもええ。そりゃ、あんたもあんたの道を進んだほうがええわい」ときっぱりと父は言い切るのです。「ならば、その記録を残すのが私の使命ではないか。そう思うようになっていました。」娘のこの思いが優れたドキュメンタリーを生み出しました。

女学校を卒業し簿記の資格をとりキャリアウーマンとして働いていた母。見合いで結婚し家事一切をこなし一人娘も育ててきた。小さい頃は必ず母お手製の洋服を着ていた娘の姿。子どもの服までも自分で作った母。専業主婦としての矜持がしっかりと感じられます。娘が四五歳で乳がんを患った時、母は上京し抗がん剤治療で髪の毛が抜けていく娘を励まし、不安に襲われる娘をしっかりと支え手術に向かわせるのです。医師から手術がすべて成功したと聞き、「よかった」と母が流す涙。それは娘への思いの証です。

一方、仕事一筋の父は、文学者になる夢は戦争で実現できなかったが、普段から知識欲は旺盛です。夢を娘に託し、娘も応え勉学に励んだのでしょう。娘の東京大学入学式の写真にある父の笑顔がそのことを象徴しています。「男子厨房に入らず」を実践してきた父。子育てが終わり二人暮らしになっても家事は一切しません。つれあいが認知症にならなかったとしたら家事一切をこなす母と毎日新聞を切り抜く父の日常がずっと続いたでしょう。

しかし、彼らの日常は劇的に変容していくのです。母の認知症が進み、毎日の洗濯もできず洗いものが洗濯機にたまっています。洗おうと下着や服を洗濯槽から取り出す母。でも母は取り出した下着の山のうえに寝込んでしまいます。おそらく身体が思うように動かないし、しんどいのでしょう。認知症が進むにつれ思うように料理もできないし洗濯もできなくなっていく。母はどのような思いで毎日を過ごしていたのでしょうか。娘も想像はしきれないし、映像を見ている私も、その思いに至ることは難しい。

『ぼけますから、よろしくお願いします。——広島県呉市。泣きながら撮った1200日の記録——』
発売元：フジテレビジョン
販売元：TC エンタテインメント
©「ぼけますから、よろしくお願いします。」製作・配給委員会

二人だけで暮らすことが難しくなり、ヘルパーを頼み、母はデイサービスに出かけるようになります。ある時、娘が帰ると母の眼に大きなあざができていました。足腰が弱ってきて倒れ、目を打ったのでしょう。でもどうしてあざができたのか答えられない母。朝も起きられなくなっており、ヘルパーが来て母の身体を

おこす。泣き叫ぶ母。「ずっと家族の面倒をみてきた母が、家族に面倒をかけている。母の悲しみを私はおしはかることしかできません。」娘はナレーションで語ります。母の思いが爆発します。「死んじゃるー、死んじゃる！ 包丁持ってきてくれ。死にたい！ 死にたい！」と泣き叫ぶ。父は「バカたれ！ 死ね！ そんな気位が高いのよ」と激しく応じます。しばらくして母は落ちついたのか、父が切ってくれたリンゴを食べています。再び思いがあふれ母は泣き伏してしまうのです。

脳梗塞が起き緊急搬送される母。半身麻痺ながらもリハビリをし回復を続けた母に再度脳梗塞が起き、寝たきりとなってしまいます。毎日病院に通い母を励ます父。母はほとんど反応がなくなったので療養型の病院へ転院されます。しかし新型コロナウィルス感染拡大で病院へ行けなくなってしまいます。二〇二〇年六月、母が危篤だと医師から連絡を受け父と娘は病院へ急行します。その後一〇日以上も母は頑張り亡くなりました。享年九一歳でした。

映像を見て驚くのは、父（夫）の変貌ぶりです。「運命じゃね」と語る父が買い物に出かけ洗濯をし洗濯ものをたたんでタンスにしまい料理ができるようになっていく。入院し寝たきりになった母を毎日見舞い励ます姿。母の面倒をみること。つれあいが倒れたから仕方なしにではなく、どこかで余裕すら感じる父（夫）の姿が印象深い。母の棺をのぞき込み「ここで生き返ったら、みなたまげるがのう」と呟く父。「あの世で仲良く暮らしましょう。文子様　良則」というお棺に入れた父のメッセージ。つれあいへの思いが溢れてきます。そして父は一〇〇歳を越え、元気で暮らしているのです。この作品をみなさんはどのように観るでしょうか。私は、八七歳で脳出血で倒れ、七年半寝たきりで亡くなった自分の母の闘病と人生を重ねながら観ていました。

ゲイとして最後まで生きるために——『メゾン・ド・ヒミコ』

いま一つ、ぜひ見てほしい作品を紹介します。『メゾン・ド・ヒミコ』（犬童一心監督、二〇〇五年）です。ちょっと変わった内容、でも高齢になるとはどういうことかをしっかりと考えることができるステキな作品です。「ゲイである父親を嫌い、その存在さえも否定して生きてきた沙織。ある雨の日、彼女のもとに春彦という男が訪ねてくる。彼は、沙織の父・卑弥呼が癌で死期が近いと言い、父の営むホームを手伝わないかと誘う。〝メゾン・ド・ヒミコ〟——ゲイのための老人ホーム。彼らはここで出会い、いつしか微妙で不思議な関係が芽生えていく……」（DVDの裏書から）。

沙織は父に会いたくはなかったのです。ただ母と娘を捨てゲイとしての人生を選んだ男がいまどんな姿で生きているのか、それは知りたかったはずです。死期が近い卑弥呼に娘を会わせようとする春彦の気持ち。ある日曜日、卑弥呼はホームの部屋で沙織と会うのです。新しく来た手伝いの女性にホーム全員が集う日曜日のブランチを説明する卑弥呼。こわばった表情でにらみつける沙織を見つめ「あなた、もしかして」と。「こんな子、使えはしないわよ。バイトでもなんでも雇う人間は厳選しなさいと言ったはずよ。ここはただの老人ホームじゃないの。それがどういうことか、あなた、まだわかってないの。それに趣味じゃないのよ、こういうの。確かにあたくし、死にかけてるけど、まだこんな茶番に感激するほど、呆けちゃいないわ」と卑弥呼は静かに語るのです。

ホームには、さまざまな人生を送ってきたゲイのお年寄りたちが集っているのです。映画で詳細に語られることはありません。でもそれぞれが生きてきた過去が印象深くある瞬間見ている側に伝わってきます。「ブスッとしたブスなんか、ババアのおかまより嫌われるわよ」と沙織に悪態をつくルビー。彼はほとんど禿げ上がった頭をピンクに染め、真っ赤な頬紅をつけ、女性に生まれ変わったときの願いを楽しそうに語り、バレーのまねごとをする陽気なじいさんです。かつて結婚しもうけた息子が一人前になり女の子ができたと。もちろんルビーは一度も孫に会ったことはありません。でも一度差出人不明で「ピキピキピッキー」とだけ書かれていたハガキが届くのです。孫からのハガキに違いないとうれしそうに語り、沙織にこの言葉は何かを尋ねるルビー。孫と繋がれる唯一の手がかりが「ピキピキピッキー」で、レインボー戦士というアニメの決め台詞だったのです。その後、ルビーは脳卒中で倒れ、しゃべれない姿でホームに戻ってきます。ホームで介護もできず、結局、息子夫婦に連絡し引き取ってもらうことに。ルビーがゲイである証拠や痕跡をすべて消そうとするとき、「ピキピキピッキー」と書かれた宛名が真っ白の未使用ハガキの束が出てきます。孫に会いたいルビーの想いがそこに詰まっていたのです。

他にも魅力あふれるエピソードが満載です。ゲイのための老人ホーム。沙織が吐き捨てるように言う言葉「こんなの嘘じゃ」「インチキじゃ」。そんなこと分かったうえで、みんなはゲイとして生きたいのです。そこには自分がゲイとして最後まで生きていくために多くの人やことを捨ててきた男性の孤独や寂しさが詰まっているのです。そして自分たちが最後まで仲間の面倒を見ることができない辛さも詰まっているのです。映画のラスト。ホームを出ていった沙織を戻したいと彼らが塀一杯に書いた落書き「サオリちゃんに会いたい　ピキピキピッキー！」を見て、私は心がじんわりとあったかくなりました。

SCENE 7

太平洋戦争を考える

真珠湾攻撃、ミッドウエー海戦、沖縄戦、硫黄島の戦いなど、具体的な戦いを描く戦争娯楽映画は多数あります。最近になり、戦争を批判し戦争の不条理さを描くよりも、愛する人や身内、国家を守るために自らの命を投げ出す〝美しさ〟を描く戦争映画があります。もちろん、戦争をどのように反省し批判したり、どのように懐かしんだりするのかは自由であり、そこにこそ〝戦争を考える文化〟の奥深さ、懐の深さがあると思います。そう考えていけば、戦争娯楽映画もまた、細かく読み解き考察すべき重要なジャンルなのです。

昭和三〇年代には、プログラムピクチャーなどで戦争娯楽映画が数多く製作されました。本章では、戦争の不条理さ、残酷さを描く〝異色作〟をとりあげます。特攻がいかにおかしいことなのか、軍隊内の暴力がいかにひどいものなのか、生きるための糧をすべて奪われた極限状況で兵士は何を体験することになるのか。戦場の不条理を真正面から描こうとした傑作をとりあげます。

戦争を体験した世代が生きていた頃、彼らが楽しんだ昭和三〇年代や四〇年代の戦争映画と、最近製作されている非体験世代が楽しむ戦争映画の違いを考えることは、戦争体験の継承という点から考えても、興味深いテーマなのです。

特攻の不条理を嗤う──『肉弾』

『肉弾』（岡本喜八監督、一九六八年）。戦争娯楽映画を読み解くうえで、避けて通れない監督がいます。岡本喜八です。数多くの戦争娯楽映画を作っていますが、これは岡本が自分の撮りたいものを撮るために日本ATGと連携して製作した異色作です。

沖縄を失い日本の戦局が絶望的となった昭和二〇年の夏、工兵特別甲種幹部候補生の〝あいつ〟は、〝心太《ところてん》〟のように兵士として促成されていました。あまりの空腹に本土決戦用備蓄食料から乾パンを盗み、上官から「品性下劣で人間以下だ、お前は豚だ、豚に軍服は不要だ」と非難され、裸で訓練をうける〝あいつ〟。

ところが〝あいつ〟は特攻要員に選ばれ、人間以下の豚から突如「軍神」になるのです。一日限りの休日。「軍神」になった〝あいつ〟は女郎買いに行きます。「女郎買いか、いいなぁ。若いなぁ。でも女は菩薩に限る。」〝あいつ〟の話を聞き、懐かしそうに語る戦争で両腕を失った古書店主の老人。〝あいつ〟は菩薩のような優しい老婆と出会います。彼女は古書店主の妻です。店主は頷きながら「だから私はこれまで生きてこれた」と。

お化けのような女ばかりが客をひく赤線街。そこで〝あいつ〟は因数分解の勉強をしている少女と出会います。菩薩と出会えたと〝あいつ〟はその店にあがるが、彼女は戦死した両親にかわり売春宿を切り盛りする店の主人でした。結局年配女性に童貞を奪われた〝あいつ〟。でも縁があったのだろう、〝あいつ〟は少女と結ばれるのです。「これで死ねる。少女を守るために死ねる」と〝あいつ〟は特攻で死ぬ「意味」をなんとか見つけ出すのです。

『肉弾』の面白さの一つはここにあります。多くの戦争映画では特攻に向かう若者としては、父母、きょうだい、家族のため、そして国家のために死ぬことを苦悩し死ぬ意味を見出す姿が描かれるのです。しかしこの作品では岡本は血縁という絆も天皇、国家という絶対的権力や制度も一切描こうとしていないのです。そんなものは強制される死を正当化する理屈になどならないと、無縁の若者である〝あいつ〟の青春が戦争に押しつぶされていく様子を「ただそれだけのことだ」という印象的なナレーションで描いていくのです。

砂の入った木箱を抱え走る〝あいつ〟。上陸してきた米軍戦車に爆弾を抱え体当たりする特攻の練習です。砂浜に穴を掘って来るべき時に身を潜める〝あいつ〟。そこで〝あいつ〟は子どもや女性と出会い、そのやりとりで戦争の馬鹿らしさ、無常感がシニカルに描かれていきます。命令変更。〝あいつ〟は特攻兵器の魚雷にくくりつけられたドラム缶にのせられ、海へと放り出されるのです。はたしてこれが「特攻」でしょうか。敵船を見つければ、その方向へ魚雷を向け、ドラム缶から魚雷を解き発射させるのです。敵に体当たりをして命を散らすのではありません。魚雷を発射した後〝あいつ〟はドラム缶に揺られ死ぬのを待つだけなのです。これほど無意味な死はあるでしょうか。

ラスト。「特攻」ですらない不条理な死をドラム缶の中で迎える〝あいつ〟。時が経ち、現代の海を漂うドラム缶。青春を謳歌する現代の若者の姿。ドラム缶の中で白骨と化した〝あいつ〟は「ただそれだけのことだ」とでも語っているのでしょうか。

軍隊の暴力の犠牲者は誰か――『陸軍残虐物語』

『陸軍残虐物語』（佐藤純彌監督、一九六三年）。昭和三〇年代、映画は二本立てが普通でした。プログラムピクチャーとして戦争をテーマとした娯楽映画も量産されました。この作品もその一つです。戦場での戦いは一切ありません。ただ当時、観客は自分の戦争や軍隊体験を反芻しながら、圧倒的なリアルさを感じとっていたのではないでしょうか。

補充兵として招集された犬丸。彼には愛する妻うめがいました。地位や仕事、学歴などまさに多様な男たちが招集されます。しかし軍服に着替えた瞬間、彼らはすべて皇軍の一員となり、軍隊秩序の最下層である二等兵となるのです。二等兵は上官命令には絶対服従であり、命令にさからえば鉄拳制裁。逆らわなくとも上官の気分次第で鉄拳制裁や執拗な〝いじめ〟にあうのです。

起床ラッパから始まる軍隊の日常がテンポよく描かれ、補充兵の多くは上官の〝いじめ〟や〝無理〟を受け流す要領を身に付けていきます。しかし純朴でまじめな犬丸は要領がわるいままなのです。他に直属上司である鈴木一等兵、班長の亀岡軍曹、同じ班の矢崎二等兵が中心人物です。

物語は明瞭です。冒頭、兵舎の厠で発見される亀岡軍曹の遺体。犬丸が帯剣で彼を刺し殺したのです。それを知った鈴木が犬丸を逃がすのです。鈴木はすぐに逮捕されるが、犬丸は自宅の裏山に隠れ、うめに会いたい一心で夜になるのを待つのです。

犬丸の回想で展開する物語。まじめで純朴がゆえに〝要領がわるい〟犬丸を次第に気にかけていく鈴木。出征中に妻に裏切られ他の男に寝取られ子どもまで作られた亀岡。彼は軍隊経験が豊富で「軍隊の中のことなら、裏の裏までお見通し」の軍曹です。

親から出世を期待され幹部候補生試験を受験できるよう亀岡に取り入る大学出の二等兵矢崎。退役後の仕事まで保障するという矢崎の親の意向を汲み、亀岡は親身に矢崎を世話するのです。支給された酒と饅頭を亀岡に差し出す矢崎。でも饅頭が食いたい彼は、犬丸が面会時に妻に渡そうと取っておいた饅頭を盗み食うのです。饅頭をさがす犬丸に矢崎はしらを切り続けます。

しかし鈴木は矢崎の盗みを見ていたのです。鈴木の制裁に我慢できずに矢崎は盗みを白状してしまいます。上官の知るところとなり、矢崎をかばいきれない亀岡。「なぜ白状した！　なぜ最後までしらを切りとおせないのだ！」。軍隊で生き残るためにそんなこともできないのかと矢崎を叱責する亀岡の姿は印象的です。

鈴木と犬丸に報復したい矢崎。彼は、犬丸が手入れした鈴木の歩兵銃から撃茎を抜き取り、厠へ捨てるのです。直後自分で指を切り、病棟へ移される矢崎。銃の部品の紛失は部隊全体の責任であり失態です。亀岡は権力を総動員して必死で探します。報復だと感じた亀岡は矢崎を脅し撃茎を厠に捨てたことを聞き出すのです。厠の肥溜めにおり、糞尿にまみれ手探りで撃茎をさがす鈴木と犬丸。犬丸が撃茎を探し当て、二人の気持ちが通じ合うのです。

一方亀岡は面会に来た犬丸の妻に犬丸が不祥事で重営倉だと威し、妻を河原に連れ出し犯すのです。たまたま二人の姿を見かけた鈴木は、その場所に落ちていた妻の護符袋を犬丸に渡し、見たことを語ります。妻を信じたい犬丸は悩み、亀岡に真相を追求するが、亀岡は答えず犬丸を殴り続けます。犬丸は我慢の限界を越え、亀岡を殺してしまうのです。

夜になり裏山を降り自宅の納屋に隠れる犬丸。そこには犯されたことへの自責から縊死したうめの姿がありました。半狂乱で駆け出した犬丸は自ら帯剣を突きたて、絶命するのです。

軍隊の暴力や不条理の犠牲者となった犬丸。その〝残虐〟さを描いた戦争娯楽作品。明瞭でわかりやすい。でも犬丸だけが犠牲者でしょうか。「考えてみればかわいそうな男だ。軍隊がこういう男をつくったのかもしれんな」。亀岡の遺体を眺め語る同僚のせりふが印象的なのです。

極限状況で兵士は何を体験するのか――『野火』

『野火』（塚本晋也監督、二〇一五年）。太平洋戦争中、南洋の島々で激戦が行われ、多くの日本兵の命が失われました。命を失う理由の多くは、米兵との戦闘ではなく、飢餓や病気だったのです。何のために自分たちはここにいるのか。肉体的にも精神的にも、ぎりぎりの極限状況で兵士は何を見て、何を体験するのでしょうか。

フィリピン、レイテ島。圧倒的な米軍の攻撃を受け、日本軍はなすすべもありません。ただ前線を維持するためだけに兵士たちは命をつないでいるのです。田村一等兵は肺を病み、わずかの食料を持たされ野戦病院行きを命じられます。塹壕も掘れないような兵士はお荷物になるだけだからです。野戦病院といっても名ばかりで、掘っ建て小屋には負傷兵があふれています。小屋にも入れない兵は、傍の林でうずくまっているのです。結核など病気のうちに入らないと食料だけをとりあげられ数日後、田村は追い出され、部隊へ戻ってくるのです。

再び病院へ行け、入れてもらえるまでねばれ、それでもだめなら自決しろと手りゅう弾を渡される田村。病院へ戻るが、入れてもらえるわけもなく、彼はあてもなくフィリピンの原野やジャングルをさまよい歩きます。途中、別の部隊の兵士と出会い、ある場所に集結すれば撤退できることを知り、田村は、他の兵士と同様、その場所へ向かいます。怯えて絶叫する原住民の女性を思わず撃ち殺し、そこで見つけた塩を奪う田村。野戦病院で知り合った年配兵安田と彼の言いなりで煙草の葉を食料と交換する若い兵士永松とのやりとりなど物語はありますが、見る側に深く印象づけられるのは、原色が鮮やかな南洋の美しい自然であり、機銃掃射ではじけ飛ぶ脳漿《のうしょう》、手足がばらばらにちぎれ死んでいく兵士の姿であり、腐敗していく遺体の姿なのです。もちろんすべてつくりものなのだが、鉄の塊へ変身する人間を描いた『鉄男』など不条理なホラーの名手である塚本の〝面目躍如〟の迫力が伝わってきます。九〇分間、映画館の暗闇でこうしたシーンと向き合い続けるとき、私たちはどうしようもない苛立ちややるせなさを感じるのではないでしょうか。

フィリピン戦での実体験をもとにした大岡昇平の戦争文学の傑作『野火』は、市川崑が一九五九年に映画化しています。長年映画化を模索していた塚本は、戦争の不条理を批判するのではなく、身内や国家への純粋な思いやりや愛を描き、特攻などを〝美しく〟描こうとする戦争映画を危惧し、いまの時代こそ必要だという強い思いにかられて製作したといいます。

二つの映画を見比べれば、塚本版の主張がよりクリアになるのです。

田村がもうだめだと倒れ込んでしまうが、そのとき永松という若い兵士が彼を助け、水を飲ませ、「猿の肉だ」と言って干した肉を食わせるシーンがあります。塚本版では、田村はその肉をむさぼり食うのですが、市川版では、食おうとしてもすでに歯茎は弱り切っており、硬い肉を噛もうとする歯が抜け、田村は肉を吐き出してしまうのです。「俺には肉は食えないよ。歯がぼろぼろだ」と。

実は永松が持っている肉は実は猿ではなく、原住民を撃ち殺して干した「人間の肉」だったのです。市川版では、人肉までも食らう戦場の極限状況を描きつつも、主人公に人肉を食わせるシーンはありません。遠くにみえる「野火」の煙を見て、

『野火』
発売・販売元：松竹
©2014 SHINYA TSUKAMOTO/KAIJYU THEATER

あそこに行こう、あそこでは農家の人がトウモロコシの葉を焼いているのだ、彼らがいるとことに行こう、と両手をあげ、歩き続け、銃撃があり、田村が静かに倒れるというラストになっています。「野火」に近づけば、撃たれることはわかっていながらも、不条理の極限から〝普通〟の世界へ戻りたいという田村の〝人間としての意志〟が印象に残るのです。

　他方、塚本版では、田村は極限の状況下で「猿の肉」を食い、さらに撃ち殺した安田の肉を食らう永松をも殺すのです。戦後、書斎で原稿用紙に向き合い体験を綴る田村。当時を想起し苦悩する姿のラスト。つまり田村は生き延びたのです。あの時殺した永松を田村は食べて、生き延びたのでしょうか。極限状況の不条理を人間が引き受けてしまうことがもつ〝真の恐ろしさ〟を考えろ、と塚本版のラストは、私に訴えているように思えたのです。

SCENE 8

沖縄の歴史を考える

新型コロナウィルス感染拡大が始まる直前の二〇二〇年一月、私はかみさんと二人で沖縄を旅しました。読谷村のチビチリガマ。観光客など誰もおらず二人だけでガマに降り、ガマの入り口で手を合わせました。今も人々の魂が満ちている何かを感じました。沖縄市に泊まり街歩きをしました。人気《ひとけ》がなく寂れた商店街。にぎやかになるのは夜一〇時を過ぎてからだという。沖縄市戦後文化資料館ヒストリート。Aサイン許可証など当時の資料が所狭しと並んでいます。弾薬庫からの毒ガス移送やコザ暴動の詳細を伝える新聞記事。戦後占領された沖縄を伝える貴重な歴史資料です。太平洋戦争末期、本土防衛の捨て石として沖縄の市民が大量に犠牲となった沖縄戦。いまも沖縄の人々の意志を無視し辺野古で埋め立てが強行され続けています。私たちはどれほど沖縄のことを知っているのでしょうか。必見のドキュメンタリーやドラマを紹介します。

米軍基地が支配する沖縄の歴史と現実――『沖縄　うりずんの雨』

『沖縄　うりずんの雨』（ジャン・ユンカーマン監督、二〇一五年）。「現在の沖縄。沖縄本島の一八%をアメリカの軍事基地が占領し、一部日本に返還された基地には自衛隊が進出しています。沖縄は、今も基地の島として、日米両政府による差別的扱いを受け続けています。」ドキュメンタリー冒頭に流れるナレーションの一部です。太平洋戦争で日本は敗戦し、アメリカは「戦利品」として沖縄を取り扱い米軍基地を作りました。占領期、朝鮮戦争やベトナム戦争出撃の拠点として沖縄は利用され、この間、米兵のレイプ事件など性被害、性暴力が問題化されます。日本へ返還された後も基地は残り、現在もなお米軍基地は沖縄の日常を脅かし続けているのです。

二〇〇四年八月一三日、沖縄国際大学キャンパスに米軍ヘリが墜落した事故映像。元海兵隊で沖縄在住の米政治学者の語りです。「(ヘリが大学の管理棟に衝突し炎上したことは)誰も驚かなかった。もちろんショックを受け、恐怖に襲われたが、密集した街の中にこんな基地があれば、事故が起こるのは予想できた。でも本当に驚いたのは、その後に起きたことだ。まるで準備していたように、海兵隊員がフェンスを越えて次々と繰り出てきて、彼らは大学を占領した。」「一八歳か一九歳の〝がきんちょ〟たちが、海兵隊の軍服を着て、自分たちより年上の報道陣に向かって大声で命令し、勝手に入国の領土に入り込んで人に命令する権威を持っているかのように振舞っている。すごい光景だ。」本ドキュメンタリーの意図を象徴するコメントです。普段は穏やかな日常に見えるが、いったん事が起これば、米軍は権力を剥き出しにし、沖縄の人々を管理し統制しようとします。〝治外法権〟という古びた言葉が、沖縄ではいまだに生き続けています。

四つの部分から構成される本作品。第一部、沖縄戦。新たに発掘された米軍撮影の当時の映像を見て、改めて驚きます。太平洋戦争の映像のほとんどは米軍が撮影したものです。戦いを「記録」する余裕をもっていた米軍と余裕などない日本軍の差を痛感します。鉄血勤皇隊で戦った大田昌秀さんや高齢の元米兵の証言から戦場の凄惨さが直截に伝わってきます。第二部、占領。「太平洋の要石」として沖縄から出撃していく米軍。出撃前に羽目をはずす米兵たち。沖縄の歓楽街は潤うが、性被害、性暴力は多発しました。六〇年代に本土復帰運動が始まります。一九七〇年一二月のコザ暴動の映像が印象的です。直前に糸満で老女が米兵の車に轢かれたが軍事裁判で米兵は無罪となり、知花弾薬庫の毒ガス保存がスクープされ前日に抗議集会がありました。その夜集会に参加した労働組合や平和団体の人がコザで飲んでいたといいます。〝不条理な日常〟に対する「怒り」「憤り」が、その夜起きた交通事故の処理をめぐり爆発したのです。第三部、凌辱。読谷村のチビチリガマ集団自決で「強制された死」の証言があり、沖縄の女性たちへの性暴力の実態が描かれます。加害者として苦悩し続ける元米兵の証言が興味深い。彼の姿は、「戦利品」として沖縄を扱い続けるアメリカが、それを容認し沖縄を差別し続ける日本国家がもたらしたものなのです。第四部、明日へ。辺野古への基地移設で日本政府の強引な対応が続きます。運動を続けていくしかない、基地があることは「おかしい」と思う人たちが増え続ければ、状況は必ず改善できると淡々と語る男性。沖縄から日本を考え直す意味はここにあるのです。

秘匿戦がもたらした知られざる悲劇――『沖縄スパイ戦史』

『沖縄スパイ戦史』（三上智恵・大矢英代監督、二〇一八年）。太平洋戦争末期、日本本土防衛の捨て石としての沖縄戦。凄惨な戦いが沖縄本島南部を中心にして行われたが、北部や離島でいまだ「知られていない戦争」があったのです。本ドキュメンタリーは数多くの証言を重ね、この「戦争」が持つ問題性を鋭く抉り出します。スパイ戦。秘匿戦ともいわれ、秘密裏に行われるゲリラ戦です。ドキュメンタリーの冒頭、大宜味村の山に寒緋桜を死んだ戦友の数だけ植え、花を咲かせようとする高齢男性の姿と語りがあります。彼もまた「知られていない戦争」を戦った一人でした。護郷隊、一〇代半ばの少年たちで編成された秘匿部隊。秘匿なので、公式の映像は一切残っていません。護郷隊を組織し、彼らに戦い方を

『沖縄スパイ戦史』
画像提供：合同会社東風

教え込んだのは、陸軍中野学校出身でスパイ教育を身に付けたエリート青年将校でした。彼らは身分を隠し沖縄に配備され、教員として子どもたちに接した。私服で長髪、優しく、地元の人々や子どもに慕われていた先生が、ある時突然部隊を組織します。普段から人間関係を作り、信頼を得たうえで、子どもたちを「兵士」としてまとめ上げていく。相当巧妙なやり方だと思います。護郷隊には第一と第二があり、それぞれ沖縄本島北部の山にこもり、彼らは上陸する米軍を山から監視し情報提供したのです。夜間山を下り、米軍の燃料弾薬を爆破するゲリラ戦や爆弾を抱え戦車に突入する戦いを行いました。「弾がヒューヒュー鳴るうちは盛んに撃てよ。フクフク（プスプス）したら、隠れろ」と。「ヒューヒュー」はまだ遠くを弾が飛んでいる音であり「フクフク」は近くの地面に弾が突き刺さる音で敵が近くに来ている証拠で危険だと。また彼らは米軍を妨害せんと北部の橋の大半を壊しました。しかし自力で橋を架ける米軍に何の効果もなく、被害を受けたのは北部へ逃げる住民たちだったのです。圧倒的な物量の差もあり、護郷隊は敗走し、四五年七月、解散命令。生き残った子どもたちは命からがら故郷へ戻ったのです。

中野学校出身の将校たちは離島にも入り込みました。八重山諸島の波照間島。一九四四年三月、山下という男が教員として島にやってきます。優しい、いい先生として子どもの記憶に鮮明に残っています。ただ当時の学校記録に山下の名はありません。四五年二月、山下は豹変し、島の住民全員に西表島への移住を命令し、各家庭の家畜（約二〇〇〇頭）を殺すよう指示したのです。家畜は加工されすべて離島の駐留日本軍の食料となりました。島には女性と年寄りと子どもしかおらず命令に反対しようがなかったと。そして悲劇は起きるのです。マラリアの有病地だった西表島。移住した人々は次々にマラリアに倒れ苦しみ、五〇〇人の死者が出たのです。戦力として無用な老人や子どもなどは近くの島に移住させよという軍の命令の結果起きた「戦争マラリア」の悲劇です。石垣島でも、マラリアが蔓延する山中に住民が移住を強いられ、同様の悲劇が起きました。移住地の出入口には住民が逃げないよう軍が監視していたのです。

日本陸軍がいかに巧妙に地域住民を利用し住民が犠牲となったのか。彼らは国体（天皇）を守るために住民すべてを犠牲にしてでも沖縄で戦ったのです。秘密戦がそのことを象徴しています。ただこの事実は離島に自衛隊ミサイル基地を建設する現在にもあてはまるのです。有事の際、基地は真っ先の攻撃対象です。そのとき自衛隊が守るのは「国家」であって住民ではないのです。この現実をどう考えるべきなのでしょうか。

沖縄の傑作ご当地ヒーローの深さと面白さ――『琉神マブヤー』

『琉神マブヤー』（二〇〇八年）、『琉神マブヤー　1972レジェンド』（二〇一二年）。かつて日本各地で「ご当地ヒーロー」が続々と生まれた時期があった。群を抜いて素晴らしく魅力あふれる存在の琉神マブヤー。平凡な青年カナイにニライカナイの勇者琉神マブヤーの魂が宿り、カナイは琉神マブヤーに変身し、ウチナンチュー（沖縄人）の大切なものを奪って人々を困らせる悪の軍団マジムンと闘うという物語。この番組は二〇〇八年一〇月から一二月にかけて毎週土曜日朝沖縄で放送されました。関東のローカルテレビでの再放送で見た瞬間、私はやりとりの〝ゆるさ〟に驚き、メッセージの〝確かさ〟に魅入られたのです。マブヤーの造形はかっこいいし、ハブデービル、マングーチュなどマジムン怪人の造形も愉快です。しかしマブイストーンをマブヤーが取り戻せば、マジムンたちはそれ以上闘うこともなく去っていきます。悪は倒されないし正義が勝ち誇ることもないのです。単純明快な善悪の二元図式ではなく、琉神マブヤーの世界は善と悪が〝ゆるく〟せめぎあい日常に共に在るのです。この物語は何を伝えたいのでしょうか。それは「沖縄の社会や文化、風土が大切にしてきたもの」の素晴らしさです。「沖縄らしさ」のパワーが宿るマブイストーンをマジムンが手に入れると、沖縄の日常から「らしさ」が奪われていく。たとえば、ウチナーグチのマブイストーンが奪われると、それまで沖縄言葉で軽妙に語り合っていたおばあやおじいが突然ぎこちなく標準語で話し出すのです。沖縄言葉で書かれた店の看板も標準語に変わってしまいます。このギャップが何とも言えずおかしい。マブヤーがストーンを取り戻すと、沖縄言葉の日常が再び戻るのです。石敢當（沖縄の街角に必ずある魔除け）、テーゲー（物事に対する寛容さ、いい加減さ）、チャガンジュー（健康を祈る心）、エイサー（沖縄伝統の踊り）、イチャリバチョーデー（出会えばみなきょうだいの精神）、トートーメ（祖先崇拝）、命どぅ宝（命を尊ぶ心）など。毎回こうしたものが奪われ、マブヤーの活躍によって、もとどおりの日常が回復される。この番組の核心、それは「沖縄らしさ」の確認であり「沖縄にとって大切なもの」が失われることのゆゆしさなのです。

主人公カナイは最初自分がマブヤーになる意味もわからず、ただマジムンを叩きのめそうとします。無意味な暴力を批判し、闘うことを嫌がるマジムンの姿は興味深い。次第にカナイも精神的に成長し、最後には無意味な力で相手を打倒しない〝闘わない〟ヒーローへと変身していくのです。沖縄のご当地ヒーローは正義を体現したり善を語ることはありません。沖縄の歴史や文化、土着の信仰に息づく「沖縄らしさ」「沖縄にとって大切なもの」を守る、まさに〝沖縄からしか生まれ得ない〟魅力溢れるヒーローなのです。

琉神マブヤーは1から5までのシーズンに加え、シリーズ一〇周年記念作の『ARISE』と劇場版があります。ただ時代を特定した『1972レジェンド』が出色の出来です。日本復帰直前のコザという設定。冒頭、巨大なB52の機影がコザの街を覆っていく。おばあが営むコーヒーショップ。店には米軍からの営業許可証「Aサイン」がある。そこで料理を作る朝基という名の青年。彼がマブヤーです。毎日店にやってくるコーリンおじー。おじーは〝コザ独立国〟を語り、ときに三線を弾き歴史を唄うのです。マブヤーと共に戦う琉神ガナシーに変身する盛仁という青年、やんばるの森から来た精霊クイナも主人公です。マジムンたちとのやりとりは相変わらず〝ゆるく、楽しい〟。ただこのシーズンには新たな怪人が登場します。独自のマブイストーンを使って、沖縄を〝アメリカ化〟するキングウルフ。真っ赤なシルクハットに星条旗のマントをはおった真っ白な狼の造形で、紳士然とした姿勢正しいボクサータイプの怪人。ウルフは沖縄のマブイストーンを奪うと、うまそうに飲み込み、〝アメリカ化〟に使った自分のマブイストーンも飲み込んでしまう。マブヤーにボディを打たれ、思わず吐き出される二つのマブイストーン。どういうわけか、二つは合体し、新たな一つのマブイストーンとなるのです。〝ウチナーグチ〟と英語のストーンが合体し、〝てぃーあんだー〟とアメリカンフードのストーンも合体。いいものであればとりこんでしまうウチナーの懐の深さを象徴しています。

「越来《ごえく》のギルー」の回は印象深い。戦後アメリカ統治下の沖縄、土地も奪われ食べるものもなく、人々は苦しかった。その頃、金網を越え基地に侵入し物資を盗み金に換え貧しい人々に配る義賊が現れたのです。沖縄版〝ねずみ小僧〟。「楽しい時間とあったものがたくさんなくなった時代だったねぇ。あまりにもいろんなものをなくしてしまって、ろくに食べるものも作れない。アメリカから配られる食糧が頼みの綱だったけど、十分ではなかった。だから金網の向こうにあった豊かさを求めて、せんかあぎやー（戦果をあげる人の意味）たちは越えていったわけさぁね」と語るおじい。マブヤーは、ウルフの成敗を阻止し、ギルーを助けるのです。「本土復帰でオキナワがなくなる気がして」と語るギルー。「もういいです、奪わなくても。ウチナンチューは強くなりました、たくましくなりました。誇りを取り戻しかけているのです」というマブヤーの言葉が心に残ります。

ウチナー、アメリカ、ヤマトのいいものを〝チャンプルー〟して、新しい時代が生まれる。言葉も音楽も文化もみんな〝チャンプルー〟。いろいろなものを受け入れる、やさしい、やわらかいこころを大事にして、ウチナーを守っていく。明快なメッセージが毎回〝ゆるさ〟の中から溢れ出す。この面白さは半端ではありません。沖縄の大切なものはなにか、沖縄の歴史や文化の〝肝〟はなにかを、わかりやすく、滑稽に、印象深く語る「琉神マブヤー」。子ども番組だと侮るなかれ。その懐の深さと主張の明確さに脱帽してしまいます。

SCENE 9

水俣病問題を考える

二〇〇六年、ある進学校へ社会学の出張講義に出かけたときのことです。この年は水俣病が公式認定されて五〇年目でした。「水俣病って知ってる」と問いかけると高校生たちは「知ってます」と四大公害病という〝正解〟をあげました。「それで水俣病というのはどんな問題だったのかな」とさらに問うと詳しく説明できる生徒はいませんでした。大学受験用としてしか水俣病という言葉を知らない彼ら。実際それがどのような現実であり人々が生き、暮らし、苦しんできたのか。この問題を想像し理解するための情報を彼らは得ていなかったのです。私は正直驚き、一般的な社会学入門講義はやめにして水俣病という問題を考える意味を語り続けました。戦後日本。近代化要請を受け化学製品を多くの企業が生産しました。水俣にあるチッソという企業。当時は環境や人体へ配慮するという発想は微塵もなかったのです。チッソは工場廃液を水俣湾へ垂れ流し、廃液に含まれていた有機水銀が海を汚染。有機水銀は魚貝類にたまり、それを食べていた人々に重篤な影響を与えたのです。最初、猫が突然踊り狂い、死んだといいます。原因が分からない奇病として共同体の中で差別や排除を受ける被害者。チッソの工場廃液、有機水銀が原因だと分かっても、企業側も国も御用学的な研究者を動員し認めようとしません。企業、国家の責任追及、被害者補償を求めて大きな裁判闘争、社会運動が展開されたのです。水俣病は日本における公害問題の原点であり、その核心に国家や県の責任を明らかにし、患者認定を求める未認定患者たちの訴訟とそれを支援する大きな運動があるのです。

患者、家族の視点から〝苦海浄土〟を描き出す――『水俣　患者さんとその世界』

生涯をかけ水俣を記録し、水俣の意味を訴え続けた土本典昭という記録映像作家がいました。彼は一〇本をこえる水俣の記録映画を製作し、『水俣　患者さんとその世界』（土本典昭監督、一九七一年）は最初の作品です。これは「水俣病被害者たちのはじめての記録映画」であり「一九七〇年代、公害問題の拡がりとともに全国で上映され、水俣病の裁判や運動への関心を集める大きな力」となったのです（ビデオパッケージから）。

どこにそんな汚染があるのかわからないほどに美しい水俣の海。そこで漁をし日々の糧を得ていた人々。彼らの日常が描かれるとともに、原告番号何番、名前、昭和何年生まれという字幕が出て、個々の被害者の姿が重ねられていきます。被害者への深い思いやチッソという企業や日本国家への強烈な怒りから全国キャンペーンでカンパを募り行動する人々の姿も熱いのですが、私は静かに重ねられていく被害者の姿の〝重さ〟に釘付けになりました。特に胎児性の患者さんの姿が印象深い。彼らの多くは昭和三〇年、三一年生まれです。まさに私と同い年。私が大阪で生まれたその年に、彼らは水俣で胎児性患者として生まれていたのでした。言葉もなく、思うように身体も動かせない。重度の人は寝たきりの状態です。ただ彼らは微笑んでいました。無垢の微笑み。いや微笑んでいるように見えるのでしょうか。表情の奥にどのような思いが息づいているのか、それはわかりません。でも私には微笑んでいるように見えたのです。土本監督は患者さんを一人一人訪問し撮り続けたといいます。患者さんたちとの圧倒的な緊張感があり、それを超えたところでの信頼関係もあったのでしょう。記録するという冷徹なまなざしもあったのでしょう。彼らを水俣病被害者として一括りにするのではありません。水俣病が、チッソという企業の営利追求や杜撰さが、近代化という当時の日本国家の意志が、患者さん一人一人の個人の〝生〟に、いかに暴力をふるい、甚大な被害を与えたのか。そのことがこれでもかと見る側に伝わってくるのです。〝苦界浄土〟の世界を描き出す告発の力が映像からほとばしるのです。

訴訟をするためだけに生きているのではない――『阿賀に生きる』

『阿賀に生きる』（佐藤真監督、一九九二年）。新潟水俣病の舞台となった阿賀野川。その川筋にスタッフが住み込み三年間にわたって人々の姿や暮らしを追った作品です。映像の合間に字幕やナレーションで伝えられる裁判の現実。それがとても印象に残ります。「毒と知りながら有機水銀をたれ流した工場がある。昭和電工鹿瀬工場。何も知らずに川魚を食べ続けて体を蝕まれた阿賀に生きる人々。昭和四〇年新潟水俣病発生。それから二七年、水俣病の認定基準はだんだん厳しくなって水俣病患者なのに認定されない『未認定患者』が多数うみ出された。認定患者六九〇人、未認定患者約二〇〇〇人。」「未認定患者二三四人が国と昭和電工を訴えた新潟水俣病第二次訴訟も十年目を迎えた。毎月一回めいめい車やバスに乗り継いで新潟地裁にかけつける。」「昭電社員で水俣病の申請をして裁判に踏み切ったのはEbさん一人だけだ。」「鹿瀬町は昭和電工の企業城下町でした。Eさんのムラうちでも半数近い一〇〇軒以上が昭和電工に勤めていたといいます。Eさんが最初に水俣病の申請をしたとき、会社の返事は嫌がらせとしか思えない県外の別会社への転勤話でした。いくら住民健診で水俣病の疑いありといわれても途中でみんな申請を取り下げてしまう。Ebさんはときおりポツリとそんな企業城下町の厳しい面を語ってくれました。」

川沿いの山間にある三反六畝の田んぼを守る老夫婦。彼らの姿を撮り続け、スタッフはこの田んぼが老夫婦の生きていることそのものだと思えるようになる。夫は酒が入ると決まって戦争の話となり、奥さんはよく歌を唄う。ダム工事で働いたとき、よく唄っていたのだと。一年中風が吹く阿賀野川。それぞれ吹く方角に特徴があり風の名前がつけられている。川舟の船頭一筋で生きてきたHさんが風をすべて説明してくれる。Hさんは未認定患者が多い地区の患者会の会長だ。阿賀野川の堤防を下りるとすぐに船大工Enさんの家がある。弟子も取らず一人で作った二〇〇艘の木舟。部屋の壁一面に貼られた祝儀袋が彼の矜持を象徴しています。もう作ることはないと思っていた舟。川舟建造の技術を継承したいという男性が現れ、Enさんの指導のもとで新たな木船が手造りされていく。餅つき名人の爺ちゃん。近所の男性の助けを借り、年末の一日で一七臼の餅をつきあげる、等々。

新潟水俣病の未認定患者の日常を三年間共に暮らすなかで撮りあげたドキュメンタリー。確かに彼らは未認定患者ですが、それ以前に〝阿賀で生きて〟きた人々なのです。川で暮らす人々の姿が分厚くあたたかく描き撮られていく。土本作品と全く異なる印象を与えてくれるのです。

水俣病は決して終わっていない――『水俣曼荼羅』

『水俣曼荼羅』（原一男監督、二〇二〇年）。第一部―「病像論」を糺す、第二部―時の堆積、第三部―悶え神から成り、映画三本分（三七二分）の中に水俣病という問題の〝現在〟が凝縮し描かれています。第一部冒頭、一九三二年、チッソ水俣工場がアセトアルデヒドを製造開始。一九四〇年代初頭謎の病気の患者が発生。一九五一年、貝類が減少、魚が大量に海に浮く。一九五三年、猫が踊り、海鳥が空から落ちる。一九五六年、チッソ附属病院が原因不明の病気を保健所へ届け出（水俣病の公式確認）等々、水俣病史が一気に語られます。すでに八〇年以上、水俣病の歴史が続いているのです。二〇〇四年一〇月一五日、水俣病関西訴訟・最高裁判決日、「勝訴」判決。熊大医学部教授・浴野成生さんと医師・二宮正さんが従来の抹消神経説から大脳皮質が損傷する中枢神経説へと「新しい病像論」を語ります。この転換は水俣病の従来の理解を根本から覆し水俣病認定「五二年判断条件」がいかに誤りであるかをも明確にする画期的なものです。第二部では、小児性患者・生駒秀夫さんの分厚い人生語りがあり、水俣湾の現状が確認されます。一九九〇年に完了した水俣湾へドロ処理事業。ドラム缶に詰めた汚染魚と浚《しゅん》渫《せつ》した湾内の汚染ヘドロの埋立地に作られたエコパーク水俣の地下には今も大量の水銀が眠っています。三〇年経ち腐食した埋立地を区切る杭の映像。第三部では、溝口裁判、福岡高裁で「勝訴」。熊本県庁で県副知事や担当者を原告団や支援者、弁護団が厳しく糾す。胎児性患者・坂本しのぶさんがこれまでの恋のエピソードを語る。浴野医師から検査入院してデータを取らせてほしいと言われた生駒さん。自分が典型的患者として調べられることに違和感を覚え葛藤し、結果的に検査入院を断る生駒さん。最高裁での溝口裁判「勝訴」判決。喜ぶ溝口さんの姿。翌日熊本県庁での交渉。県知事の発言で紛糾。天皇が水俣病患者、家族と初めて面会。「悶え神」について語る石牟礼道子の姿。一年ぶりに外出し水俣の海を臨む患者、田中実子さんの姿、表情のアップでラスト。

三七二分に編集された映像には、多くの人の姿や語りが詰まっています。小児性患者の生駒さん。両手が

『水俣曼荼羅』
画像提供：疾走プロダクション

微妙に震え続け足も不自由だが、生駒さんは船を操舵し漁に出ます。若い頃、見合い結婚した話を丁寧に語る生駒さん。声も微妙に震え続ける。水俣病患者だとわかって見合いした相手の女性。彼女は在日朝鮮人でした。結婚に対し、生駒さんの親族から差別があったことが語りから読み取れます。こうした患者さんの語りがドキュメンタリーに深い意味を与えています。水俣病という問題。そこには簡単に想像などできない痛みや苦しみ、悲しみ、そして人間的な愛を生きてきた〝生身の人間〟がいるのだという、あたりまえでありながら絶対外すことができない「事実」を私たちは確認できるのです。

しかし「事実」を無視し、患者たちに決してまともに向き合おうとしない人の姿がある。勝訴し環境省や熊本県庁で交渉する彼ら。担当部署の部長や係長はあらかじめ決めている説明を繰り返すばかり。患者や支援者、弁護団が怒り、憤り、人間的な対応を求めても、決して応じない姿。生身の人間と人間的要素が皆無の役割という〝空虚〟が対峙する場。いくら感情を沸騰させようと〝空虚〟が変わることはないのです。わかっていながらも、そのおぞましさが溢れ出る交渉の場の映像です。私がもっとも印象に残った語りと場面。溝口裁判が最高裁判決で勝訴した翌日、彼らは熊本県と交渉します。五七年間熊本県は患者認定を放置してきたのかと問われ、答える知事の語りと姿。「私どもは法定受託事務執行者であります。法的受託事務執行者というのは、システムの中でしか人は動けません。その意味では法定受託事務執行者として判断基準は国が示します。その判断基準に沿ってしか動けないのです。」支援者や弁護団がいくら糺しても微動だにせず「法廷受託事務執行者」を反復する知事。たまらず「土下座しろ！」という憤りの叫び。溝口さんの前に進み、「あなたは本当に土下座を望んでいますか」と問いかける知事。いま土下座されても何も変わりはしない。怒りを堪え、手を横にふる溝口さん。知事はその姿を確認し一礼し去ったのです。驚くほど〝空虚〟な県知事の言葉や行動。でもそれは未認定患者や家族、遺族や支援者、弁護団の憤りを無視し要望や期待を完璧に打ち砕く権力なのです。蒲島知事はその後患者認定申請をほぼすべて却下したのです。

本作品のもっとも主張したい内容の一つが「病像論」を糺すことです。従前の理解では末梢神経が損傷し痺れや麻痺などが出るのであり「五二年判断基準」もこの理解を前提としていました。しかし二人の医師は検査した患者がことごとく認定却下される過程で診断そのものに問題はないかと考え直すのです。その結果、彼らは視覚や触覚、聴覚をつかさどる大脳皮質がメチル水銀で損傷を受けることを突きとめます。末梢神経の損傷ではなく大脳皮質の損傷こそ水俣病の本質であると。ただその説を国家が認めると水俣病をできるだけ狭く限定することで政治的決着を図った「五二年判断基準」の正当性が崩れ去り、未認定患者の問題がすべて浮上し、行政的措置の問題性が露呈してしまうのです。だからこそ敗訴しようと国家や行政はこの説は受容せず〝政治的〟幕引きを図ろうとするのです。

医師の献身や努力が裁判闘争に大きな力を与えました。しかし私は同時に医師と患者の間にある微細ながらも深い〝溝〟が気になりました。生駒さんに検査入院するよう説得する浴野医師。彼は詳細なデータを取り、仮説や見解を例証し水俣病を解明したいのです。英語論文を書き海外に水俣病を知らせ歴史に残したいと生駒さんに語る姿は科学者として当然のものでしょう。ただそうした望みに生駒さんは戸惑いを見せるのです。第三部の後半、生駒さんが葛藤する姿。映像を見ながら浴野医師は生駒さんとどれくらい信頼関係を築いていたのだろうかと私は思いました。「今いろんな機械があるから生きたまま解剖できるのね」と笑いながら語る医師。〝生きたまま解剖できる〟は医師にとって冗談かもしれません。でも〝解剖〟される人間に単なる冗談として届くでしょうか。深い信頼関係があれば冗談と受け止められるでしょう。だが映像では明らかに生駒さんの笑いはぎこちなく冗談以上の何かを感じていることがわかります。「脳がやられているから〜」。繰り返し語る浴野医師。損傷を医学用語で説明するよりわかりやすいと考え「脳がやられている」と語るのでしょう。しかしこの語りが生駒さんを確実に傷つけていくのです。なぜなら生駒さんは努力を重ね「やられている」ことに気づかれないよう懸命に〝普通の人〟として生きてきたからです。それは水俣病患者への差別や排除、無理解への抵抗であり処世の術です。医師の気持ちはわかります。ただ「脳がやられている」からとこれまでの〝生きざま〟や〝思い〟を端折られることに生駒さんは強い違和感を覚えざるを得なかったのではないでしょうか。

他にも印象深い語りや姿が満ちています。ぜひじっくりと腰をすえて長時間の映像に向き合ってほしいのです。そうすることで水俣病という問題について、いかに知らなかったのか、わかったつもりでいたのかを痛感できるでしょう。本作品が伝えるもの。それは「水俣病は決して終わってはいない」という端的な事実なのです。

SCENE 10

部落差別問題を考える

最近、部落差別問題をテーマとした優れた映画がありません。市民啓発ドラマやドキュメンタリーは作られています。しかし一般的な芸術作品あるいは娯楽作品として、現代を生きる私たちにいま部落差別を考える意味とは何かを印象深く訴えかける作品がないのです。当事者の解放運動も一九七〇年代のような勢いがなくなっています。また部落問題に加えて障がい者、性的少数者などの多様な差別や「生きづらさ」が問題化し、学校や地域社会での人権教育内容もさまざまに模索されるなかで、今一度部落差別問題を考える現在的な意味が明らかになりにくくなっている状況ではないでしょうか。だからこそ、文化的な営みもまた停滞しているのだと思います。

部落差別がなくなったわけではありません。私は毎年のように政治家が部落差別発言をした新聞記事を読んできています。たとえば、これまで日本映画は冤罪事件に関して、いくつも優れた作品を作り出してきました。しかし部落問題最大の冤罪事件である狭山事件について、なぜいまだに一般的な映画が作られないのでしょうか。もちろんこれまでにも狭山事件をめぐる優れたドキュメンタリーや市民啓発の作品はあります。こうした事実に世の中がいまだに執拗にもってしまっている部落問題への姿勢の偏りを感じてしまうのは、私だけでしょうか。この章では古典的な名作、はずせない名作をとりあげます。

父親の戒めを破り、誇りを持って生きる――『破戒』

島崎藤村の古典的名作「破戒」は、あまりにも有名でしょう。主人公瀬川丑松は、父親の全存在をかけた息子への願い「部落民であることを隠せ」を必死で守りながら教師をしています。出自を明らかにし部落民解放の運動を進める猪子蓮太郎という思想家に憧れながらも、猪子の前で自分も部落民であると告げることもできず、苦悩するのです。そのうち丑松が部落出身であるという噂が町に流れ、学校で問題になり、懊悩したうえで、彼は生徒の前で出身を明かし、今まで身分を隠して教えてきたことを謝り、国外に去っていくのです。これまで丑松は、被差別部落出身であることを「隠して生きる」象徴として語られてきました。

『破戒』は二〇二二年に全国水平社創立一〇〇周年記念映画として六〇年ぶりに新たに映画化されています。平然と差別を繰り返す人々の醜さ、人間としての誇りを訴え差別に立ち向かう当事者の清々しい姿などがくっきりと描かれ、見る側の正義に訴えかけてくる見やすい反差別の作品です。ただこの作品では、ラストで去っていく丑松が東京でなんとしてもまた教師になると子どもに宣言し、子どもたちにどんなことがあっても教育は大事だと語りかけ、〝人間にとって教育が大事〟というメッセージが強調されています。これから差別に立ち向かっていく丑松の勇気と戸惑いが背景に下がってしまっているのが気になりました。この映画も優れた作品だと思います。ただ六〇年前に製作された『破戒』と見比べてみて、私は以前の『破戒』がもっていた迫力に圧倒されました。

『破戒』(市川崑監督、一九六二年)。改めて見直し、市川崑監督版の丑松は「隠して生きるだけ」の象徴でもないし、映画が本当に伝えたいメッセージは、「隠して生きざるをえない」部落差別の苛烈さや悲惨さではないことがわかったのです。

地方の議員や実力者の顔色を常にうかがい、自分の地位の安泰と学校の存続だけを考える校長。旧士族出であることに囚われ、没落した今の身分を嘆き酒におぼれ自滅していく教師。人々に説教をたれ立派な風に見えるが、女ぐせが悪く、義理の娘にまで手をだそうとする住職など。この映画には、俗世間の垢にまみれ、過去の遺制や権力にしがみつき〝きれいな外づら〟を晒しながらも、実は内面は極めて醜く汚れ、よどんだ人物が丑松のまわりに登場するのです。

一方丑松は純粋に生徒に慕われる優れた教員であり、醜くもなく、悪いことなど何もしないのです。映画を見ながら、私は不思議な気分になりました。周囲の人物に比べ、丑松は見事なまでに純粋であり、濁りもなく、透明な存在として私に届いてきたのです。

そうした純粋な彼がなぜこれほど周囲を気にし、恐れおののく必要があるのでしょうか。醜悪な存在は、一体どっちなのでしょうか。娶った嫁から丑松のことを知り、自分の嫁が部落出身であるという秘密をばらしたら、丑松が部落出身であることもばらすと脅し、黙っていることがお互いの身の為だと懇願する政治家は、おそろしく醜いのです。彼の脅しや懇願に対して、自分は部落でもなく、あなたの言うことは理解できないと拒否し続ける丑松は、悲しいほどにまで透き通っているのです。主人公丑松を演じている市川雷蔵がとてもいい。丑松の透明さを見事に演じています。そして、この丑松の透明さは、逆に部落民を当然のように差別する周囲の姿を際立たせていきます。

猪子蓮太郎の妻もとてもいい。彼女は部落外から猪子の妻になった女性です。出自を明かし、学校をやめる丑松の未来は茨の道でしょう。猪子と共に暮らしてきて、よくわかる。だからこそ彼女は最初、丑松に猪子の後を継ぐなと語ったのです。しかし猪子の遺志をつぎ解放運動に生きたいと語る丑松の本心を確かめ、彼女は、喜びに涙し打ち震えるのです。

丑松を慕う娘お志保がとてもいい。猪子の著作を彼女は丑松の知らぬ間に読んでおり、猪子の妻に自分の姿を重ねながら、丑松と共に生きようと決めるのです。丑松が猪子の妻と共に東京へ去っていくラスト。生徒たちが丑松たちに追いつき、別れを惜しみます。

ある子が丑松に紙包みを差し出し、「おっ母が先生に食べてくれと、卵をゆでたんだ」と。うれしさのあまり、泣き崩れる丑松。卵を通して親たちの思いが伝わってきます。丑松が東京で落ち着いたら呼ぶことを了解したお志保。別れを惜しむ純粋な子どもたち、自らの差別性に気づき痛烈に後悔し、生き直そうとする同僚教員。食べてくれと差し出されたあたたかいゆで卵。こうした人やものに見送られ、彼は東京へ旅立っていくのです。おそらくは東京で過酷な人生が待ち受けているでしょう。しかし、見送りに答える彼の表情には、それまでの恐れやおののきは微塵もなく、晴れ晴れとして力強く、すがすがしい。丑松は、決して「隠して生きる」象徴ではないのです。「破戒」することの意味が、いかに深く大きく厚いものなのか。そのことを映画は明確に伝えています。

「水平社宣言」の迫力を確認する――『橋のない川』

部落差別問題を考えるうえで必読の大河小説があります。住井すゑの『橋のない川』です。以前、大学の授業で学生に問えば、必ず「知っている」という返事がありました。しかし最近の大学生は小説の名前すら知りません。小中高の人権教育が〝荒廃〟してしまっている証でしょうか。なぜそうなってしまったのでしょうか。私はとても残念でなりません。『橋のない川』はこれまで二度映画化されています。今井正監督版（第一部、一九六九年。第二部、一九七〇年）と東陽一監督版（一九九二年）です。

今井正監督版。明治末期、奈良盆地が舞台です。小森という被差別部落で畑中誠太郎と孝二という仲のいい兄弟が祖母と母のもとで暮らしています。祖母は名優 北林谷栄が演じていますが、圧倒的な存在感です。部落民として生まれ育ち、他の在所からの差別を受けながら、懸命にかつしたたかに生きてきた歴史が、そのセリフや演技からしみ出てくるのです。誠太郎が学校で賎称語を浴びせられ、けんかをし、相手にけがをさせてしまう。理由を教員が問い詰めるが誠太郎は答えようとしない。教員も意地になり、理由を言うまで廊下に水が入ったバケツを持って立たせています。帰宅し、兄の行為を語る孝二。祖母ぬいは学校に駆けつけ、職員室で校長に差別を受け続けている無念や悔しさをぶつけるのです。

水平社運動がなかった当時、被差別部落で暮らす人たちが、いかに厳しい差別を日常受けていたのか、どうしようもなく悔しい思いをためこみながら彼らが生きていたのか。そのことが過剰気味な演出があまりない映像からきちんと伝わってきます。

孝二たちは修学旅行で京都へ出かけます。行きの電車の中で、中学受験をする生徒を露骨にえこひいきする教員の姿。高等小学校へ上がる残りの子どもたちは、「成績が一番ええのになんで中学校へ行けへんねん」と孝二に語りかけ、今日は同じ部屋で寝るぞと教員の姿に反発しているのです。夜、そう言っていた子たちは「おれ、小便」と一つずつ部屋を出て行くのです。一人残された孝二。夜の見回りで、小便に立った彼らがすべて別の部屋で寝ていることに気づき、自分の部屋に戻れと叱る教員。「いやや、あいつと一緒に寝るのんは絶対いやや」「むりいわんと、戻って寝ろ」「いやや、そんなに先生

『橋のない川』（東陽一監督）
発売元：Palabra
販売元：紀伊國屋書店

いうんやったら、先生が寝たらええやないか」。孝二の部屋の障子に布団をもった人影が写り、一瞬ためらった後、去っていく映像。教員も孝二と一緒に寝たくはなかったのです。真っ暗な宿の部屋で一人仰向けに横たわり天井を見つめる孝二。えげつない差別を象徴するシーンです。

病に伏す明治天皇。暑い夏の最中、神社を回り子どもたちを全員連れまわす小学校の教員たち。彼らの姿を見て、祖母と孝二の母が語るやりとりが秀逸です。「暑いのに孝二たちもごくろうさんなこっちゃ。あれじゃ天皇はんの病気どころか、子どもらが病気になってまうわ」「そやけど天皇はん、ほんまに病気でっしゃろか」「あー、天皇はんかて人間やから病気ぐらいするやろで」「ほなら天皇さま、人間だっか。神さんとちゃいまんのんか」「神さん言うたかて、ほんまは人間や。くそもしはるし、小便かてたれなはる。ふんどしかてしてはるそうや」「ほな天皇さま、ふんどししてはりまんのんか」「そらしてはるやろ、男やもん」「そうだんなぁ」「そやから病気かてしはる」「ほんまでんなぁ」。天皇であれ誰であれ、人間であればくそもするし、小便もたれる、病気もする。人間をみる祖母のまなざしが、自然で、しかもおかしみを感じてしまう会話に象徴されているのです。

第一部の最後、消防ポンプの提灯落とし競争に勝ちながらも、優勝旗を奪われ、燃やされてしまう小森の人たち。悄然として小森へと帰っていく人々の姿。そこにはそれまでたまっていた差別に対する怒りやそれをやりすごしてきたくたびれが象徴されています。

第二部の最後。孝二や母たちが全国水平社第一回大会にむかうシーン。そこでは水平社宣言が高々とうたわれており、宣言の言葉がもつ重みがしっかりと見る側に確認されていくのです。水平社宣言は、なんとすごいものか。改めてそう思います。

東陽一版に移りましょう。明治の終わり頃。小学校の校庭で遊んでいる子どもたち。誰かが演習に来た兵隊さんを家に泊めたと得意げに話します。うちもそうやうちもそうやと。「小森は貧乏やから兵隊さん泊められへんやろ」「でも、サツマイモをふかして持っていき兵隊さんにおいしく食べてもらったで」「兵隊さんはなんも知らんとかわいそうやな、小森の芋知らんと食べよって、えったのくっさい芋食べよって」と差別語を使いはやしたてる男の子。主人公の誠太郎はたまらず、その子に殴りかかるのです。五箇条の御誓文を暗唱し、ほめられる孝二。しかし先生は「畑中は、他の誰よりも明治のありがたさをよく知っているから、覚えられるんやのう。天皇陛下が解放令を出され、そのおかげで、えた・非人は平民に加わることができ、新しく平民に入れられたということで新平民となった」と語り教員も孝二たちを平然と差別するのです。

孝二の家の隣人かねが農作業の手伝いに出ています。「ひと休みしとくんなはれ」と手伝い衆にお茶を配るおかみさん。娘のまちえは茶碗をかねに渡そうとします。「あぁ、それと違う」とまちえを制し、別の欠けた茶碗をかねに渡すおかみさん。日当を配るだんな。かねが列に並んでいるのを見つけ、「あんたは裏へまわっとくなはれ」と。だんなは、かねの飲んだ茶碗が裏庭に置いてあるを見て、「なんでこんなもん、ここへ置いとくねん！」と怒り、叩き割るのです。家の裏木戸の入り口に日当を置き、「ここに置いときまっさかい」と言うなり木戸を閉めてしまうだんな。徹底して小森の人々が差別される日常が描かれます。

他方、小森の人々は、差別に対し淡々としたたかに対応していくのです。基本的に明るく、たくましい。差別へ悔しい思いがあることは、映像から伝わってきます。しかし直接それを表に出さず、草履を編み、冬の田んぼを踏み、稲を刈り取り、「せめて、五俵はうちに欲しいなぁ」と語りながら俵に詰めていく。こうした淡々とした映像から〝生きるエネルギー〟が伝わってきます。なぜでしょうか。一番大きな理由は音楽です。エルネスト・カブールのケーナの音色、アンデスのフォルクローレの音色が、厳しい差別に向き合う人々の姿の背後に常に流れています。ケーナの音色が流れてくると、不思議に人としてのたくましさや豊かさ、しぶとさを感じ映像を見入ってしまうのです。

平然とふりかかる差別、厳しい生活環境のなかで、人はしたたかに、たくましく、しぶとく暮らし、人に憧れ、人を愛し、生きていく。差別の不条理さに屈することなく、対抗して生きていくことが、人間としてのまっとうな姿であり、光ある熱ある人間の姿なのだと。こうしたメッセージが映画からは明瞭に伝わってきます。ラスト近く、水平社が創立され、孝二も運動に立ち上がっていくあたり、映画はリズムを早め、光や熱を放つ彼らの姿を伝えます。刑務所にいる孝二に面会し「うちは水平社宣言と結婚するんや。孝二さん、これがうちらの旗や」と荊冠旗を見せる七重。彼女の婚約者もまた運動を抑圧する警察に捕まっていたのです。真っ白な屏風に黒々と書きあげられた水平社宣言。その前に満ち足りた表情で座っている花嫁姿の七重。印象的なシーンです。部落に偏見を抱き差別することは、人間としていかに下劣でくだらないことなのか、部落差別を考えるということは、それを考える自分にとってどのような意味があるのかを、この映画ははっきりと伝えます。

SCENE 11

在日朝鮮人問題を考える

大学で講義をしていて気になることがあります。学生さんの多くが、在日朝鮮人が戦後日本でどのように生き、制度的な差別に対抗し運動し、日常を生きていくうえで必須な権利を確かなものとしてきたのかなど歴史的な事実を知らないし、知ろうとする意志も萎えてきていることです。かつて指紋押捺拒否の運動があったことも知らないし、日本で暮らしているにもかかわらず参政権も制限を受けているという事実や背景的な知識も知りません。他方、ネットで得られる情報だけを吸収し、それを在日「理解」だと考え、問題への「態度」を決めていたりします。私たちの日常に在日に対する「決めつけ」や「思い込み」がどのように息づいているのでしょうか。優れた映画は私たちの心を揺り動かし差別することのおかしさを深くじっくりと教えてくれます。快作や佳作を紹介します。

在日が生きている差別的日常を淡々と描く――『月はどっちに出ている』

『月はどっちに出ている』（崔洋一監督、一九九三年）。文句なしの傑作快作です。私は映画館で観たときの興奮をいまだに覚えています。主人公姜忠男は在日のタクシードライバーです。朝鮮学校の同級生が経営するタクシー会社で「朝鮮人は嫌いだけど忠さんはすきだ。金貸してくれよぉ。わかってくれよぉ」と常に忠さんに頼る同僚、安全運転しないでいつも問題を起こす吃音の同僚など個性豊かな男た

『月はどっちに出ている』
発売元：オデッサ・エンタテインメント

ちとともに騒がしくおかしい日常を過ごしています。毎日オモニが経営するフィリピンパブのホステスを送迎している主人公。彼は下手くそな関西弁を語るコニーと出会い、ヒモ同然で彼女のアパートに転がり込み同棲を始めるのです。北と南の祖国統一のためにと語りながらもゴルフ場をもち経済的成功に必死になる同級生。結局日本人やくざにだまされ、夢は潰えてしまいます。「焼き肉屋やパチンコ屋にしとけばよかったのに」と同級生をなぐさめる姜の言葉がおもしろい。

「運転手さん、姜《ガ》さんて言うの？」「カンです」「中国の人？」「朝鮮人です」「在日韓国朝鮮人っていうのが正式なんでしょ。俺の友だちにも在日韓国朝鮮人いっぱいいてさぁ、朝鮮ぶら……、あの、在日韓国朝鮮人がいっぱい住んでるとこにいるんだよ。名前、何て言ったかなぁ、あいつなぁ」「金《キン》さん、じゃないですかぁ」「遠山の、か？ ハハハ。一度遊びに行ったんだよ。そしたらリンゴ出されたんだけど、キムチの味がしてさぁ、もう何でもかんでもキムチ臭くて～」「今もお嫌いですか？」「大っ好物。俺スーパー行って輸入もんの瓶詰買ってきたもん。俺焼肉にもうるさいよ。それでばあちゃんがいてさぁ、ハングル語？ ペラペラ話しかけてくんだよ～、俺の友だちいじめちゃってさぁ、何かかわいそうだった」「日本に住んでんですから、日本語しゃべってほしいっすよねぇ」「カンさんもそう思う？」「当然ですよぉ～」「でもさぁ、韓国朝鮮人慰安婦問題って、おかしくない？」「慰安婦問題ってなんすか？」「売春婦でしょ、あれって。戦争当時の話でしょ、ガさんも俺も生まれてないよねぇ。知ったこっちゃないすよねぇ」「私も戦後生まれです。私たちは解放後生まれっていうんですけどね」「俺けっこう、韓国朝鮮人問題の記事目ぇ通してるんですよ。……すごかったですよね、ピストルバンバン撃っちゃうんだもんなぁ」「怖いっすよねぇ」「コリアンパワーっていうの？　ぜひ俺も実感してみたいよなぁ」

物知り顔をして在日への偏見をしつこく語る酔った乗客。「朝鮮ぶら」と言いかけ集住している地域だと言いかえる。「朝鮮部落」という差別語を使えばやばいと直感しているのだろう。しかし語りは偏見のオンパレード。主人公は、客である以上丁寧に応対しなければならず、聞きたくもない偏見に冗談でやり過ごしはぐらかしていく。ただ主人公のさりげない応対の言葉の端にはしっかりと「いいかげんにしろ」という脅しが響いています。日常、差別や偏見はどこに息づいているのかが実感できる秀逸なシーンです。

「本編中に一部、人種・民族・職業に関する差別的表現や、心身障害者に対する不適切な表現などが見られますが、差別のない社会の実現や人間相互の共感を希求する監督の制作意図と優れた作品性を尊重し、オリジナルのまま収録しております。」ＤＶＤケースには通常よりもずっと丁寧な「おことわり」が書かれています。映画の中で頻繁に平然としかも自然に差別が語られ偏見が語られ人が馬鹿にされ、からかわれていくのです。とってつけたような反差別の言葉もないし、道徳や倫理感を語る言葉やシーンもありません。ただ一人の平凡な在日の男が風変わりな仲間と仕事をし、オモニにさんざん文句を言われながらもフィリピン人女性を愛し日常をなんとかやり過ごして生きていく。当然そこにはさまざまな差別や排除、からかいや蔑視が息づいている。これが、在日が生きている差別的日常の一端なのだと。「伝説の傑作」だと言われるゆえんは映画を見れば納得です。

「イムジン河」の衝撃を忘れるな――『パッチギ！』

『パッチギ！』（井筒和幸監督、二〇〇四年）。一九六八年京都。映画館ではアメリカの北爆（ベトナム戦争）を伝えるニュース映画が流れ、毛沢東語録をかざし革命思想を生徒たちに熱っぽく語り、「革命的」「反革命的」が口癖の高校教師がいる。大学生はヘルメットをかぶりゲバ棒をもち、集会に参加し気勢をあげている。京都のラジオでは勝ち抜きフォーク合戦が人気番組となっている。当時の国際情勢下、フォーククルセダーズの「イムジン河」は発売禁止、放送禁止となり、それを肴に立ち飲みの酒屋で中年男性たちが朝鮮戦争、三八度線の不条理さをまじめ顔で語っている。そんななか京都朝鮮高校の生徒たちは差別に対抗し自らの生きるエネルギーを確かめるかのように修学旅行にきた高校生や府立高校の空手部たちとケンカに明け暮れている。当時私たちの暮らしの場面に〝政治〟が息づいていました。人々は本気で革命を語り反戦を願い、性の解放を思い描いたのです。

でも主人公の府立高校生 松山康介は政治的ではありません。朝鮮高校へ「闘いを終えるため」として親善サッカー試合の申し込みに行かされた彼は、そこで美しい少女キョンジャと美しい歌「イムジン河」と出会うのです。キョンジャに思いを寄せる彼。彼は酒屋の若旦那からフォークソングの魅力を、立ち飲み屋の男たちから朝鮮戦争で分断された朝鮮の悲劇を、祖国統一の願いがこめられた「イムジン河」の由来を聞くのです。ただ彼はまだこの歌に何がこめられているのかも知らず、ただキョンジャに近づきたい思いでフォークギターを買い「イムジン河」を歌えるよう頑張るのです。片言の朝鮮語で彼女に電話する彼。フォークコンサートに誘うが、その日は〝円山公園でコンサートがある〟と断るキョンジャ。「コンサートやったら僕も行ってええ?」「ええよ」。〝コンサート〟とは北朝鮮へ帰国する兄のアンソンを祝う在日の人たちの宴のことでした。そこへギターを持ち現れた彼。「ほんとに来たん」と驚き微笑むキョンジャ。「流しの兄ちゃん、なんか歌えるか」とキョンジャの母。「イムジン河」を彼女とデュエットする彼。日本人が「イムジン河」を歌う。その驚きからか彼らは康介を宴の輪に入れるのです。マッコリで泥酔し、キョンジャたちに家まで送ってもらう彼。自分が受け入れられたと感じ、うれしさをかみ締める康介。

しかし、彼はそれが錯覚だったことを思い知ることになります。空手部とのケンカのすえ、急停車したトラックから飛び出した鉄管に頭を貫かれ死んでしまうアンソンの連れ。アンソンが帰国したら康介にギターを教えてくれと連れは頼んでいたのです。連れとも仲良くなれてきた康介。連れの突然の死を嘆き悲しむ在日の人々。葬式の場面が印象的です。川土手にあるバラック。バラックの入口が狭く棺桶が入りません。涙ながらに入り口の横の板戸を叩き壊すアンソン。人々の号泣。在日が生きていた状況を象徴する場面です。康介はアンソンから渡された赤い腹巻(帰国するアンソンから連れがもらうはずだった)を棺桶に入れようとするが、つまづき焼香置きを倒してしまうのです。「おまえ出て行け」と叫ぶ在日一世の年配男性。日本に連れて来られ、どのような暮らしを強いられたのか、在日が生きてきた苦闘の歴史をかみ締めるようにしぼり出すように語る男性。そんな歴史も知らない康介に葬式の場にいてほしくない、帰れと。男性の語りを聞きながら涙する在日の人たち。いたたまれずその場を去っていく康介。差別や抑圧の中で生きてきた在日の歴史や現在が、康介という存在を通して見る側に突きつけられる厳しいシーンです。

キョンジャと親しくなり、在日の人々と理解しあえたと思いこんでいた康介。在日が生きてきた歴史すら知らずに「イムジン河」を理解し歌えたと思い込んでいた康介。「イムジン河」の背後にどんなに分厚い祖国への思いや願いが横たわっているのかを想像すらできなかった情けない康介。自分の無知、おめでたさ、情けなさに呆れ、康介はフォークギターを叩き壊し、橋から川へ投げ捨てるのです。「悲しくてやりきれない」の名フォークのＢＧＭが高まり、不覚にも私の目から涙があふれていました。

当時を知る人々には、この映画は懐かしく「イムジン河」が象徴するメッセージも明確です。だが当時を知らない世代にどのようにメッセージが伝わるでしょうか。もちろん、そのために映画では日本による朝鮮半島支配下の様子、朝鮮戦争、その後の分断、在日の歴史などが、各場面で明快に語られています。自分の無知を思いっきり恥ずかしく情けなく感じた康介は、結局、改めて思いもこめて勝ち抜きフォーク歌合戦で放送禁止の「イムジン河」を歌うのです。ラジオから流れる康介の「イムジン河」を聞き涙するキョンジャ。彼女は康介に「出て行け」と言った人々に彼の歌声を聞かせ、自転車でラジオ局に駆けつけるのです。歌い終え、ラジオ局から寂しそうに出てくる康介。微笑みながら彼を待つキョンジャの姿。「あの素晴らしい愛をもう一度」にのせて、数年後つきあっている彼らの幸せな様子が描かれるラスト。なんと優しい終わり方でしょうか。

人と人の繋がりを考える――『カーテンコール』

『カーテンコール』（佐々部清監督、二〇〇四年）。昭和三〇年代から四〇年代中頃。下関の映画館。映画の幕間で形態模写や歌、漫談をしていた芸人がいました。その芸人を探してという投稿ハガキ。タウン誌記者の主人公香織はハガキに魅かれ故郷下関にある映画館みなと劇場を訪れます。香織はモギリの女性から幕間芸人安川修平の思い出語りを聞くのです。安川が働くようになった経緯、仕事熱心でけっこういい男であったこと。上映途中でフィルムが切れ、上映再開までの時間、急遽安川が舞台で座頭市の物まねをしたこと。大うけし〝幕間芸人〟安川の誕生です。舞台の姿をみそめ映画館に通い続けた良江。

映画館のロビーで手弁当を食べデートを重ねる二人のいとおしい姿。その後結婚、美里という娘をもうけたこと。ただ映画は斜陽であり、安川の芸も受けなくなり惨めな舞台が続く。昭和四五年、最後の舞台の後、安川は劇場を去り、良江も病いで亡くなり、その後彼らが行方知れずであることなど。昔懐かしい昭和を思い出すことがテーマの作品のようです。

しかし映画には伝えたい別のテーマがあるのです。当時下関で息づいていた在日朝鮮人への偏見や差別を描くことです。安川修平は在日朝鮮人でした。香織が安川の娘美里が結婚し下関で焼肉屋をしていることを調べ、取材のため店を訪れます。自分を捨てた父修平について語る美里。「母方の親は修平との結婚に反対やった。今でもうちらみたいな在日への差別はあるけど、あの頃は半端やなかったです。母方には父親しかいませんでした。つまり私の祖父です。祖父は結婚相手が在日ということだけで父と会おうともせんかったみたいです。うちが生まれてからも、一度も会いに来ませんでした。父がみなと劇場で正式の社員になれんかったんも、そのせいやと思います。」

香織は修平と美里を調べるなかで、かつてのせつなく懐かしい思い出を重ねあわせ、中学校時代の友だち金田の姿を追うのです。金田はキムと名乗り在日の女性と結婚し民団支部で仕事をしていました。金田は香織を呼び出し、夜、思い出が残る突堤を二人が歩く場面。「わたし、ずっとあやまろうと思ってた。ここで金田君の告白、断ったこと」「あぁ〜」「わたしも金田君のことが好きだった。でも金田君が在日だと知ったから、こわくなったの」「仕方ないよ。この町で育てば何かしら偏見とか差別があるから」「ごめんなさい」「ここで告白すれば必ずかなうっていううわさにかけたんやけど。見事にふられてしもうた。……でも、あんとき決めたんだ。韓国名を名乗ろうって」「奥さん、きれいな人ね。息子さんもかわいかった」「え?」「長府の駅で見たの」「あっ、そうだったたん。かみさんも在日だ。」

私がこの映画に魅かれるのは、下関という場所と在日朝鮮人差別の密接な関係が、奇をてらうこともなく、自然に描かれているところなのです。佐々部監督の原体験でもある在日への差別。下関を語ろうとするとき、下関という場所で物語を創造しようとするとき、この原体験は抜きにはできないし、下関という具体的な場所であるからこそ、在日への差別を語るリアルさが見る側に伝わってくるし、差別をめぐる人々の思いや姿勢が、より自然に映画の主題を〝活かす〟ことができる、という印象を受けるのです。

差別は常に具体的であり、私たちが暮らす場所から立ち上がり、その場所にしっかりと繋ぎとめられているものなのです。香織が済州島で修平を見つけ、閉館するみなと劇場のさよなら興行に修平を迎え、舞台に立つ修平。その後美里が済州島へ出かけ、修平と涙ながらの笑顔の再会を果たすという優しいラストです。

SCENE 12

広島・長崎、被爆問題を考える

全面リニューアルされた広島市平和記念資料館。遺品と原爆の絵が展示の二つの柱です。遺品はキノコ雲の下での不条理な個人の物語や被爆状況を象徴し、原爆の絵はいわば生き残った被爆者の脳裏に焼き付いた「写真」であり記憶の吐露です。でもなぜリニューアルする必要があったのでしょうか。「被爆の記憶」を継承することへの強烈な危機感があります。被爆から八〇年近くすぎ、被爆問題の「歴史」化が加速しています。近い将来確実に「被爆者なき時代」が来ます。そのとき「被爆の記憶」をどのようにすれば活き活きと継承することができるのでしょうか。遺品から聞こえる微かな物語に耳を澄ませ、原爆の絵が与える心の揺さぶりに期待するのは大切なことです。しかし、まだまだ放置されている資料があります。数多くの原爆映画と被爆ドキュメンタリーです。こうした映像作品を今一度、味わいなおすことで新たに〝被爆を感じ、考える〟ことはできるのです。

原爆の恐怖を正面から考える――『ひろしま』

『ひろしま』（関川秀雄監督、日教組製作、一九五三年）。七〇年も前の作品です。白黒の映像は古く、硬い。前年の『原爆の子』（新藤兼人監督）が「原爆の惨状」を伝えていないと日教組が批判し製作しました。水爆実験を繰り返し、朝鮮半島での核兵器使用をちらつかせるアメリカ。日本では被爆者への無理解が

『ひろしま』
提供：独立プロ名画保存会
発売：新日本映画社
販売：紀伊國屋書店
© 独立プロ名画保存会

拡大し原爆への怒りや恐怖が忘れ去られています。当時の時代情況への苛立ちや怒り、原爆の恐怖を伝えたいという熱が全編からあふれ出す。これは〝映画である〟以前に、原爆の恐怖、戦争の恐怖を真正面から考えようとする人々の〝運動の叫び〟、〝歴史的なモニュメント〟なのです。

　映画は被爆七年後、原爆への恐怖の忘却、被爆者への無理解、からかい、差別、再び使用される原爆への警鐘、戦争反対など、まさに「ヒロシマ」をめぐる強烈な政治的社会的なメッセージが高校生の姿や声で重ねられていく「いま」と原爆投下直後の惨状を文字どおり〝延々と〟描いていく「あのとき」という二つの独立した映像の塊から構成されています。見る側に「原爆をめぐるあなたの考えや姿勢がいかにいい加減か、語りを聞きよく考えてみろ」と訴えかけてくる高校生の姿や声の重なりそして〝延々と〟続く被爆直後の惨状を描いていく映像は、まさに強烈な力を行使しようとする塊として、私に届いてきます。ただ映像の塊と向き合い、私は不思議な印象に囚われたのです。CGなどの技術はなく、すべてセットで原爆投下直後の街が崩壊し人々が焼け爛れて死ぬ惨状がリアルに再現されています。しかしどういうわけか、私にはその凄惨さが伝わってこないのです。むしろ、なにか整然とした人間的〝秩序〟のようなものを感じてしまったのです。なぜ惨状を再現しながら、凄惨さが伝わってこないのか。「原爆の真実の姿」、被爆直後の惨状を伝えようと映像を煮えたぎらせようとすればするほど、

「ひと」が崩壊し尽される凄惨さは描けないことが鮮明となり、描いてはならないという人間的な意志が働いていったのではないでしょうか。「ひと」の崩壊が「原爆の真実の姿」であるとして、何のためらいもなくそれを描こうとすれば、それは、私たちの〝常識的な情緒〟の域をいともたやすく超えていくでしょう。しかし、そんな営みは可能でしょうか。『ひろしま』が見せていく「あのとき」の映像からは、描こうとしてどうしても描けない〝もがき〟、むしろ描いてはならない、描いてはならないからこそなんとかして伝えたいという〝意志〟が切ないまでに感じられ、その意味で極めて感慨深いのです。この作品は何度でも鑑賞すべき価値ある歴史的所産です。思い切り啓発的なメッセージや説教が充満した「いま」を語る部分。描けないが感じよと、これでもかと反復される「あのとき」の部分。両者を強引に繋げようとした当時の人々の〝熱〟は、仮に今最先端の映画制作技術を駆使して、新たな『ひろしま』を作ろうとしても、決して再現することなどできないでしょう。

被爆し生き延びた人の思いを描く――『父と暮せば』

『父と暮せば』（黒木和雄監督作品、二〇〇四年）。井上ひさし原作。井上は被爆者の手記など歴史的資料を渉猟し被爆者の苦悩の核心は何かを丁寧に捉え、厚みある戯曲を書いています。この作品も同様で密度の濃いセリフに加え、独自のＣＧ映像が絡み、被爆の意味がより厚みをもって伝わってきます。原爆が投下されて三年後の広島。図書館に勤める美津江。彼女は、八月六日、落とした手紙を拾おうとしてかがみこんだ石灯籠の陰で奇跡的に生き残り、同じ前庭で掃除をしていた父は、真っ白な閃光を受け絶命します。ある日図書館に被爆資料を集めている男性が訪れ、好意を持つ美津江。男性も彼女に好意を持ち、下宿に大量にある被爆資料を図書館で預かってくれないかと相談をかけるのです。美津江が男性にときめいた瞬間、亡くなったはずの父が現れます。男性への想いを抑えこもうとする美津江。なんで幸せになっちゃいかんのかと娘を説得する父。私は幸せになっちゃあいけんのじゃ、と父の説得を聞こうとしない娘。

言葉の力、映像の力がじわじわと伝わってくるシーンがあります。美津江がつくる昔話を聞き、そんなんじゃだめだと父が「ヒロシマの一寸法師」を語るくだりです。父にスポットがあたり、一人芝居。「ヒロシマの一寸法師は、もっと、ごつう強いどぉ」「赤鬼のどん腹に飛び込んだ一寸法師は、この原爆瓦を鬼めの下っ腹に押しつけて、『やい、鬼。おんどれの耳くそだらけの耳の穴かっぽじってよう聞かんかい。わしが持っとるんはヒロシマの原爆瓦じゃ。あの日、あの朝、広島の上空五八〇メートルのところで原子爆弾ちゅうもんが爆発しよったのは知っちょろのう。爆発から一秒あとの火の玉の温度は摂氏一万二千度じゃ。やい、一万二千度ちゅうのがどげな温度かわかっとんのか。あの太陽の表面温度が六千度じゃけぇ、あの日、ヒロシマの上空五八〇メートルのところに、太陽がペカーッ、ペカーッ、二つ浮かんどったわけじゃ。頭のすぐ上に太陽が二つ、一秒から二秒、並んで出よったけぇ、地面の上のものは人間も鳥も虫も魚も建物も石灯籠も、一瞬のうちに溶けてしもうた。根こそぎ火泡を吹いて溶けてしもうた。しかもそこへ爆風が来よった。秒速三五〇メートル、音よりも速い爆風が、ズワァー―、爆風に、溶けとった瓦は吹きつけられていっせいに毛羽立って、そのあと冷えたけえ、こげえ霜柱のような棘がギザギザギザと立ちよった。瓦はいまや大根の下ろし金、いや、生け花道具の剣山。このおっとろしいギザギザで、おんどりゃ肝臓を根こそぎすりおろしたるわい。ゴシゴシゴシ、ゴシゴシゴシ……」一人芝居の途中、広島上空で原爆がさく裂し真っ白な閃光が街を一瞬にして覆い、街がすべて溶け、キノコ雲が湧き上がるCGの映像が挿入されます。私は、父の一人芝居を見、語りを聞き、CG映像を見ながら、体が震え鳥肌が立っていました。原爆がさく裂した瞬間の定番の映像、定番の語りかもしれません。でもそれは〝分かりきろうとする私の思い〟を軽々と超え、まさに恐ろしく、怒りに満ちた塊として、迫ってきたのです。

生き残ったのが間違いだ。自分は幸せになってはいけないんだ。美津江はなぜそう思いつめるのか。それは被爆し瓦礫の中で息絶えようとする父を助けられず、逃げ、自分だけが助かったことへの悔恨からでした。早う逃げと懇願する父。いやじゃと泣き叫ぶ娘。じゃんけんで勝ったら逃げえと、いっつもの手で娘を勝たせようとグーを出し続ける父。娘はパーをなかなか出そうとしない。なんでパーを出さんのじゃ、最後の親孝行じゃ思うて、頼むからパーを出してくれ……。美津江が生きているのは、父に、あのとき亡くなった人に生かされているのだと。だから自分の分まで生きてくれ、幸せになってくれ。こんなむごい別れが何万もあったことを伝えるのが、おまえの仕事じゃと。

映画のラスト、娘の自宅の中から天井を見上げるカメラ。そこには天井はなく、原爆ドームの丸い屋根の錆びた鉄骨。美津江の自宅は原爆ドームだったのです。それを見て寓話だとわかるのです。しかしそれはヒロシマでの「むごい別れ」を忘れることなく、自分の気持ちや心に〝怒りの棘〟をギザギザに立たせる。そんな力がこもった寓話なのです。

ピカッときたら！　さっと隠れろ！——『アトミック・カフェ』

「今日は映画をもってきたんだよ。原子爆弾についてのね、電気消してくれる」。アニメが始まります。用心者の亀のバート。危険を感じるとさっと甲羅の中へ隠れてしまう。でも人間には甲羅はありません。「ポールとパティはいつでもどこでも心構えを忘れません。原子爆弾が爆発したら、さっと隠れる！」

仲良く歩いてくる二人の男女。そこへ閃光！彼らは瞬時にビルの陰に身を隠し伏せる。軽快な音楽が流れるなかで、机の下、物陰、ベッドの下へと隠れる子どもたちの映像が重なっていく。バートが再び登場。「みんなわかったかな。さぁ一緒に言ってみよう。ピカッときたらどうするのかな?」「さっと隠れる！」。

『アトミック・カフェ』（K・ラファティ／J・ローダー／P・ラファティ監督、一九八二年）。この作品は、世界最初の原爆実験から一九五〇年代の東西冷戦状況で流されたニュース映像やアメリカ陸軍空軍製作のプロパガンダ映画の映像を編集したドキュメンタリーです。冒頭にあげたのは核防衛機関製作映画のシーンです。閃光が走った瞬間、さっと隠れる。そんなことで原水爆から逃れられるはずはない。でも軽快な音楽が流れ、あほらしいメッセージが真剣に伝えられていく。ここに象徴されているあほらしさが、編集映像全体から滲みだしてきます。でも「あほらしい」と笑っていられません。なぜなら映画やニュース映像は製作された当時は「真剣に」流されていたからです。

アメリカは原子爆弾で戦争を終わらせ、戦勝気分に酔っています。トルーマン大統領の発言とともに重ねられる当時の街や人々の姿。ラジオから流れてくる当時のジョーク。「最初の原子爆弾が落ちた都市を見たか?」「ああヒロシマの上空を三〇分ほど飛んだ」「めちゃめちゃだろ?」「ダブルヘッダー後の野球場みたいだった」（爆笑）。一九四七年になり東西対立し冷戦の始まり。繰り返される米ソの原水爆実験。朝鮮戦争時、原爆使用が本気で議論されます。家族団欒の映像。子どもがテレビのスイッチをひねる。『世界を考える』の時間です。本日のゲストは下院議員のバン・ザント氏です」。相手はソビエトだから交渉の余地はないと断言する議員。「原爆の使用」を問う司会に「もちろんだ。原爆を使えと私は前から言ってきた。北朝鮮には有効な攻撃目標があるから、そこを原爆で破壊すれば、彼らを殲滅できる。その先の中国も同様だ」と真顔で述べる議員の映像。これも当時のテレビ映像です。ビキニ環礁での原水爆実験のため、島民を移住させる映像。映像ではいかに島民がアメリカに協力的であるかが描かれるのです。他にも第五福竜丸事件を報じるニュース、放射能マグロや日本からのお茶に含まれた微量の放射能にアレルギーになっているアメリカの映像が編集されています。共産主義からの脅威に対抗し、資本主義の自由や平和を守る手段として原爆そして水爆の実験や使用を積極的に支持していく人々。しかし他方で、原水爆攻撃を受け自分たちの生活が破壊される恐怖も増幅していくのです。

私が印象に残ったのは、映画の後半に登場する「スモーキー実験」の映像です。アメリカ本土に敵が侵入しミサイル基地に迫るという設定。軍部は敵の進行を防ぐために原爆を使用し直後に兵士たちが敵を征圧するという作戦だ。将校が兵士たちに作戦の説明をする映像。「諸君、デザート・ロック基地にようこそ。最後のブリーフィングを行う。その後、前進基地へ移動して原爆作戦に参加してもらう。」「諸君は原爆作戦でここに来た。これはいい加減な作戦ではない。何ヶ月も前から周到に練られた計画だ。安全に距離をとってながめると、この爆発は人類史上最高に美しいものだ。諸君もきっとこう言うだろう。『なんて美しい、どこが危険なんだ?』注意してほしいのは、三つだけだ。爆発、熱、放射能。放射能、これだけが目新しいもので、核兵器の使用で生じる。だがじつは三つの中では一番どうでもいいものだ。とくに兵士が地上で動く場合はだ。放射能は目に見えない。触れないし、臭いもないし、味もない。放射能測定用のバッジが配られるが、それは放射能の安全な許容量を測り、どれだけ浴びたかを示す。高い数値が出るかもしれない。しかし命令通りにやれば、気分が悪くならずに終わる。最後に一言、放射能で不能や重病になることはない。そうなる前に爆発や熱で死んでしまっているからだ。以上だ。心配は無用。本作戦はまったく問題ない」。説明後、塹壕に入り、原爆の炸裂を待つ兵士たち。

炸裂した瞬間、ものすごい爆風が彼らを襲う。その後兵士たちは塹壕から出て、立ち上るきのこ雲に向かって銃をかまえ、歩んでいく。なんともすごい映像でしょうか。作品では明らかにされていないが、多くの兵士たちは被爆したはずです。まったく問題ない作戦で。

このドキュメンタリーのメッセージは明快です。核兵器を抑止力だ平和維持の兵器だとして保持していた当時のアメリカへの強烈な批判です。確かに使用されているニュースや映画は一九五〇年代という冷戦時代状況を反映した特別なものかもしれません。しかし原水爆の圧倒的な破壊力を信奉し、使用してしまえば世界が破滅することをわかっていながらも、依然として核兵器を廃絶しようとしない現在のアメリカに対する批判は生きています。ただ映画を見終わって、なんともいえない後味の悪さが残るかもしれません。原水爆を有難がる意志や動きを批判し笑うとして、その笑いから被爆の残酷さ、悲惨さ、不条理さが消されているとしたら、それはとても危ういことではないでしょうか。

SCENE 13

特撮怪奇映画を愉しむ

一九五六年生まれの私は初期の怪獣映画に洗礼をうけました。週末の映画館でゴジラやモスラ、キングギドラ、ガメラ、大魔神、ギララ、ガッパに夢中でした。同世代で同じような映画体験をしている人も多いでしょう。円谷英二が作り出した特撮技術、それを娯楽作品として見事に完成させた本多猪四郎監督。彼らが創造した特撮映画には、怪獣だけが活躍したのではないのです。人間が変身する怪奇シリーズがありました。『美女と液体人間』（一九五八年）、『電送人間』（一九六〇年）、『ガス人間第一号』（一九六〇年）です。戦争末期で体験した裏切りへの復讐という怨念、愛する人への屈折した想いなど人間の根源的な情緒が物語の〝たて糸〟として使われ、「原水爆」という当時私たちの日常を脅かしていた狂気が人間を変身させる〝よこ糸〟として使われていました。『マタンゴ』（一九六三年）という特撮怪奇映画の傑作もあります。子ども向けとは思えない完成度の高い作品です。現代では、CGでどのような映像も作れます。確かにすごいですが、他方でそうした映像にのめりこめない私がいます。失われつつある〝人間臭い〟特撮技術の素晴らしさに思いをはせながら楽しんで語ることにします。

放射能で人間が溶ける恐怖――『美女と液体人間』

『美女と液体人間』（本多猪四郎監督、一九五八年）。冒頭、大音響とともに炸裂する水爆。真っ赤な火球がゆっくりと出現し、きのこ雲になっていきます。新聞記事のアップ。「核実験に犠牲か　第二竜神丸消息絶つ　南太平洋で操業中」の見出し。直後「美女と液体人間」のタイトル。被爆した第二竜神丸が漂流する映像をバックに、軽快な音楽とともに出演者などの字幕が流れます。この映画の始まりを見て、当時の人々は「第二竜神丸」に第五福竜丸事件の記憶を重ね合わせたでしょう。まさに、この映画は原水爆実験の結果生まれた怪奇であり悲劇なのだと。

雨が降りしきる夜、タクシーにぶつかった男が衣服だけを残して忽然と消えてしまう。残された鞄には麻薬があり、売人の仲間割れとして捜査開始。衣服や腕時計、ライターなど残された証拠は山ほどあり、刑事たちは、これだけブツがそろっていればすぐに割れると語るが、人間だけが完全に姿が消えていたのです。そこに捜査課長富永の友人、大学助教授の政田が現れ、人間だけが完全に姿が消えた原因を語りだすのです。核爆発による放射性物質、死の灰による人体の影響を研究する彼が語る言葉「ストロンチウム九〇」「セシウム一三七」「核爆発」「放射性物質」「死の灰」「ビキニ」「クリスマス島」は、すべて実際にある物質、出来事、場所を指す言葉です。そしてこれらすべては、原水爆実験や放射能被害を想起させるのです。水爆実験への恐怖をことさら掻き立て、「強い放射能を浴びれば人間の身体が溶ける」という荒唐無稽な〝つくりごと〟に現実味が帯びてくるのです。

その後政田は富永に人間が溶けるのを実際に見た者に会わせます。被爆し漂流する第二竜神丸に乗り込み、どろどろした液体に襲われながらも逃げ出した船員たちです。漂流船に乗り込み、一人また一人と液体にやられていく彼ら。なんとか二人は逃げ出し船に戻ると、漂流船にはぼんやりと緑色に光る人間の姿が浮かんでいます。液体は仲間の船員を溶かしたあと、緑色の光をはなちながら、人間の姿になっていたのです。液体人間の登場です。政田は「あの連中、マグロ船に乗った経験はないし、死の灰を浴びた覚えもないんだ。たった一度漂流船の中へ入っただけで、あの恐ろしい原爆症だ。この事実は見逃せないよ」と。漂流船が第二竜神丸であり水爆実験で被爆し強烈な放射能を帯びてしまったこと、その船に乗り込んだために、男たちもまた原爆症となってしまったのだと。緑色に光るどろどろに溶けた液体が人間を襲い、襲われた人間を液体化していくという荒唐無稽な出来事は、あたかも、あり得てしまうようなリアリティをもつのです。さらに映画では、政田の先生である科学者が登場し、放射能の影響でガマガエルが液体化する実験を、まじめに〝科学的に〟見せるのです。白い泡を吹き出し青緑色の透明な液体へと変貌していくガマガエル。今見てもよくできている映像だと思います。

「核爆発による第二人類の発生」。人間が液体化するという衝撃的な「事実」を報道する新聞の見出し。強烈な水爆の放射能を浴びた人間は被害者ではなく「第二人類」なのだと。自分たちとは異なる、別の人間なのだと。そこには被爆をめぐる出来事や意味の世界から一線を画していこうとする力を感じます。単なる娯楽作品に、そこまで言うこともなかろうと思われるかもしれません。ただ現実的な恐怖としての原水爆イメージを喚起し、ありえない「怪奇」を楽しむという、この作品には、『ゴジラ』が持っていた反戦、反原水爆メッセージは跡形もなく消え去っているのです。

人がキノコになる恐怖と喜び――『マタンゴ』

『マタンゴ』（本多猪四郎監督、一九六三年）。極彩色のネオンがきらめく東京の夜景。東京医学センターのネオンも見えます。センターの一室。窓に向かって座る後ろ姿の男性。彼は絶海の孤島で体験したことを語りだすのです。星新一と福島正実が原案を書いているだけにストーリーはしっかりとしており、最後にいま一度驚く結末が用意されています。

ヨットを楽しんでいる七人の男女。青年医師と恋人、小説家、金持ちの船主、美貌のクラブ歌手、艇長、乗組員と、それぞれがくせのある人物ばかりです。人物描写もお子様用の特撮映画とは異なり見ごたえがあります。突然の嵐にヨットは漂流し、絶海の孤島に漂着。そこは海流の関係からか漂流船が流れ着くふきだまりでした。彼らは島を探検し、難破船を発見します。船には誰もいなく、〝マタンゴ〟と書かれた謎のキノコの標本があったのです。航海日誌も不思議な内容です。なによりも不思議なのは船内にあった鏡が全部外されていることでした。彼らは食べ物と水を探して生き延びようとするのですが、極限状況で、剝き出しの性欲や食欲、エゴなど人間の醜さが噴出してきます。

洞窟でキノコを発見する小説家。キノコは危ないので食べないほうがいいと彼らは最初決めていたのですが、小説家は飢えに負けてキノコを食い、マタンゴに変身し仲間を襲うのです。ヨットを修理し脱出を試みた艇長も失敗し絶命します。最後まで理性を保つ青年医師も、恋人をマタンゴに奪われ、彼女がキノコを食べ、自分を誘う姿に茫然自失し、浜に流れ着いていたヨットに向かうのです。どのようにして彼が救われたのかはわかりません。冒頭の男性は生き延びた青年医師でした。

「自分だけは絶対キノコを口にしなかった。でもやっぱり信じられないでしょうね」と語りながら、こちらを振り向くと、彼の顔や手がでこぼこに〝キノコ化〟し、マタンゴに変身しかけていたのです。

小学生の頃映画館で見た後、トラウマになってしまいそうで家に帰っても恐くて仕方がありませんでした。身体がすべてでこぼこのキノコに変身したグロテスクなマタンゴの造形――と言っても最近の恐怖映画の映像と比べてみれば、おとなしく地味なものですが――は、今見ても秀逸です。

よくできた恐怖映画だと思います。実際に死んだのは乗組員と艇長二人だけで、残りはマタンゴとして島で生きているのです。「東京だって同じじゃないですか、みんな人間らしさを失って。あの島で暮らしたほうが幸せだったかも」とラストに東京で〝キノコ化〟しつつある青年医師が語る言葉が印象的です。世知辛い人間社会に戻って苦しむより島でキノコに変身して暮らしたほうが幸せなのではないだろうか。そんなことを思わせる作品なのです。

ところでマタンゴはなぜ生まれたのでしょうか。そこにはファンタジーとしての原水爆イメージが息づいています。彼らがたどり着いた難破船。なぜ船内にはカビがびっしりと生えていたのでしょうか。なぜ船内にある鏡がすべて割られていたのでしょうか。謎について難破船は解答を与えません。ただ一つ私たちに示される手がかりが「核爆発の海洋調査船」という言葉です。眼のない亀の剝製があり「放射能による突然変異の実例」と書かれています。おそらくは核実験による生物や環境破壊を調べていたのでしょう。ただ「原水爆実験には関係がある」ということだけが明らかなのです。難破船の正体、漂着した島の正体。すべて謎のままですが、マタンゴは「原水爆実験」「放射能」の産物だと映画は語るのです。〝あり得ないものやこと〟の「わけ」としての原水爆。『美女と液体人間』のように第五福竜丸事件を思い出せ、といったような映像も語りもありません。原水爆をめぐる史実のどれにも繋がらない具体的な場所とも関係ないのです。それはリアルな事実の記憶や恐怖を想起させないファンタジーなのです。「人類の恐怖。第三の生物　マタンゴ。放射能が生んだ残虐無残のマタンゴ。恐怖映画の最高娯楽巨編。マタンゴ、マタンゴにご期待ください」映画の予告編コピーが、そのことを端的に伝えています。

極限状況で諍い争う人間の恐怖――『吸血鬼ゴケミドロ』

『吸血鬼ゴケミドロ』（佐藤肇監督、一九六八年）。不思議な光体と接触し、不時着したジェット機。機長

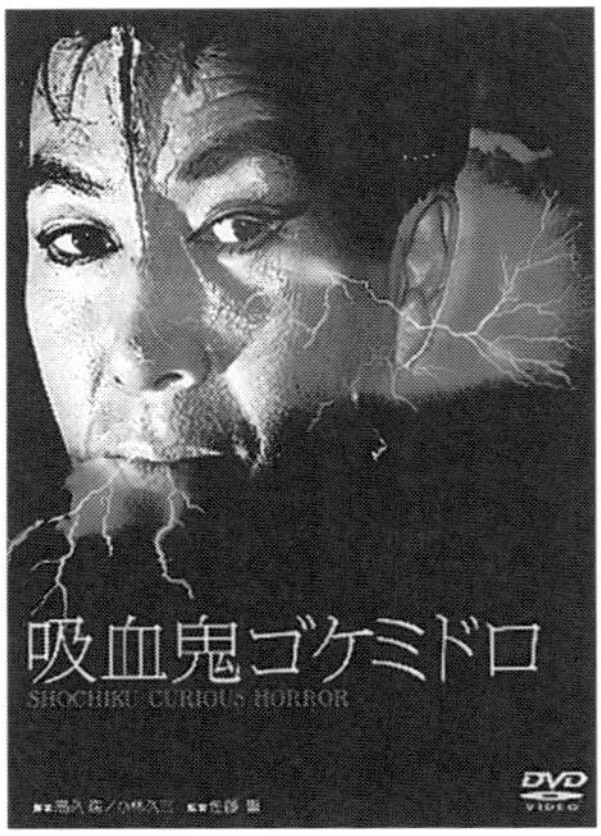

『吸血鬼ゴケミドロ』
発売・販売元：松竹
©1968 松竹株式会社

とアテンダントを含めて生き残る一一名の人間。指名手配されているテロリスト、極限状況の人間を見たい心理学者、宇宙生物の存在を認める学者、次期総裁を狙う大物政治家、自分の妻まで政治家に差し出し利益を得ようとする武器商人、ベトナム戦争で夫を亡くし遺骨を岩国基地までとりにいこうとしている女性、ジェット機を乗っ取ろうとして爆弾を持ち込んでいた青年等々、思い切りくせのある人物ばかりです。無線連絡もできず、場所もわからないなか、吸血鬼ゴケミドロに一人また一人と襲われるという極限状況で己だけ生き延びようと諍い争う人間たちの醜い様相が見事に描かれていきます。そこには単なる恐怖映画と片づけてしまえない魅力が満ちているのです。

宇宙生物ゴケミドロが人間をのっとる秀逸なシーン。テロリスト――当時シャンソン歌手として高名な高英男が怪演していますが――の額が縦にパカッと割れ、どろどろとした青ミドリ色の半透明の液体が割れ目から入り込んでいくのです。もちろん今であれば最新映像技術を駆使し、より鮮烈な映像が可能だと思いますが、この映像は今見ても新鮮でおどろおどろしいのです。なんともいえない気持ち悪さと恐さ。私は映画の詳細は忘れていましたが、このシーンだけは記憶に残っていたのです。

助けられ恐怖のあまり記憶を失っていたアテンダントを心理学者が催眠術を使って記憶を蘇らせるシーン。彼女は光る円盤を見て、ゴケミドロが人間をのっとるのを見たというのです。その後のやり取りが面白く、書き起こしてみます。

「光るものとは何だ？　そんなもの存在するはずがないよ」「いや、ありうることです。光るものというのは、おそらく空飛ぶ円盤のことでしょう。」「空飛ぶ円盤？　そうか、あの光る物体は円盤だったのか。この飛行機は円盤に落とされたんだ。」「ばかな！　円盤なんかあるはずがない。円盤が存在するという科学的証拠は何一つないじゃないか」「それはちがう」「何⁉」「あなたの言うことはまちがっている。円盤を見たという人は世界中にいる。それを否定することはできないはずだ。」「それがどうしたっていうんだ」「特に広島に原爆が投下されて以来、円盤の目撃例は急激に増えている。つまり、宇宙の生物は人間がくだらん戦争に明け暮れしているすきを狙って攻撃しようとしているかもしれないんだ。」（女性が思いつめたように英語で語ります。）「何だって言ってるんだ？」「戦争は絶対にいけないって言ってるんです。ベトナム戦争で従軍中だった彼女のご主人は一週間前に戦死されたそうです。ご主人の遺体と再会するために岩国の米軍基地に行くところだったそうです。」女性の姿。「戦争はいやだ！　みんなが悲惨になるから」という字幕。

「特に広島に原爆が投下されて以来、円盤の目撃例は急激に増えている」と。宇宙生物学者が確信を持って語るセリフに驚いてしまいます。ええ、そんなバカなと。人間同士が「くだらん戦争」に明け暮れしているすきを狙って宇宙生物が地球を侵略しようとしているのだと。愚かな戦争を続けるよりも、宇宙からの侵略という危険に備えなさいと学者は主張するのです。

「人間同士が争いあっているときこそ、宇宙生物にとっては絶好のチャンスなのだ。しかし人間は愚かにもそのことに気づかない。このままでは宇宙生物ゴケミドロが言ったように、人間はやつらに皆殺しされる運命にある。」人間同士が争いあっているかぎり、ゴケミドロに対抗することはできず人間は皆殺しにされるだろう。宇宙生物に侵略されるのは、人間の愚かさのせいであり、仕方ないのだと映画は私たちに訴えるのです。

映画のラスト近く、生き延びた機長とアテンダント。彼らがたどり着いた高速道路の料金所やホテルでは、人間がすべてゴケミドロに血を吸われ死滅していたのです。ゴケミドロが地球人の滅亡を語るラストシーン。真っ赤な画面で原水爆が三度、画面いっぱいに炸裂する映像がかぶさっていくのです。原水爆や人間同士の戦争の愚かさが怪異、恐怖の「わけ」として語られたなかなか渋い作品なのです。

おわりに――ファンタジーアニメと〝ひとや社会を想う力〟

一三のテーマで映画を読み解いてきました。もちろん私たちの社会学的な想像力を豊かにしてくれるテーマはもっと多くあります。紹介できていない素晴らしい作品もあるし、毎年新しい映画が製作されています。映画は私たちに日常生活を批判する力を与え続けてくれる無限のテキストなのです。この本では紹介できていない私なりのこだわり映画リストを巻末につけました。興味がわいた作品はぜひ視聴してほしいと思います。

さてこの本を終わるにあたり、アニメについて好きに語っておくことにします。一九五六年（昭和三一年）生まれの私はテレビマンガ世代です。小学生だった一九六〇年代、テレビマンガの全盛期であり数多くの作品に私は魅了されてきました。「エイトマン」「宇宙少年ソラン」「スーパージェッター」「レインボー戦隊ロビン」「マッハＧＯＧＯＧＯ」「冒険ガボテン島」「サイボーグ００９」「Ｗ３」「どろろ」「ゲゲゲの鬼太郎」など書き上げたらきりがありません。懐かしのテレビマンガは今、ＤＶＤＢＯＸで見直せるようになっていますが、私が驚いたのは作品の完成度の高さです。

たとえば石ノ森章太郎『佐武と市捕物控』。一九六八年一〇月から一年間放送された三〇分ものであり、二六話までは午後九時から、二七話から最後までは午後七時から放送されました。当時テレビマンガは子ども向けであり放送時間帯は午後八時までだったのです。ところがこの作品は若い岡っ引き佐武と盲目の按摩で居合の達人市の二人が毎回事件を解決する、大人が見ても十分楽しめる内容です。私は

〝大人の時間帯〟で楽しめる〝大人のマンガ〟をちょっと背伸びしてワクワクしながら見ていたのです。DVDで見直してもアニメとしての完成度の高さに改めて驚きます。

ファンタジーアニメから豊かな想像力を

私は毎年劇場版アニメで優れた新作が見られることが楽しみです。異次元や異世界で不条理な暴力や破壊、格闘をこれでもかと見せる作品も多いですが、それよりも私は人間の心情や他者との繋がりを丁寧に魅惑的に描く、じわっと心にしみてくるファンタジー作品が大好きなのです。

たとえば『この世界の片隅に』（二〇一六年）。こうの史代の同名コミックのアニメ化であり、太平洋戦争で次第に壊れ変容してしまう日常、そのなかで生き続けた人々の姿を、軍港呉を舞台に主人公の生きざまを通して優しくそして厳しく描いた物語です。戦闘シーンはありません。でも山の上から見る軍港の変貌や物資が枯渇していく日常を描き〝庶民の暮らしを奪う戦争の不条理さ〟がしっかりと描かれています。大きな反響を得て、いくつかのエピソードを加えて『この世界のさらにいくつもの片隅に』（二〇一九年）が製作されています。

映画やアニメを見るとき、私はそれを製作する監督の力に魅了されます。たとえば私にとって大林宣彦や新藤兼人は名匠と言われる小津安二郎や黒澤明と同じくらい優れた監督であり、彼らが撮った作品をすべて見てしまうのです。『片隅に』の監督は片渕須直です。もし『片隅に』に魅了されたとすれば、同じ監督の作品『マイマイ新子と千年の魔法』（二〇〇九年）もぜひ視聴すべきです。山口県防府市国衙が舞台。千年前の街や人々が暮らす姿を豊かに想像する主人公新子。東京からの転校生、貴伊子と仲良くなり、二人が仲間たちと楽しく遊ぶ日常。だが彼らの絆を揺るがすような〝事件〟が起こり、新子はタツヨシと共に〝大人の世界〟へ立ち向かっていくのです。周防市三田尻あたりの田舎の情景と物語が融合し、新子の想像世界と仲間との日常が活き活きと描かれています。

原恵一という作家も注目しています。私が最初に魅了されたのは『映画クレヨンしんちゃん　嵐を呼ぶモーレツ！　オトナ帝国の逆襲』（二〇〇一年）でした。しんちゃんが暮らす街春日部の郊外にある二〇世紀博という巨大パビリオン。そこでは一九七〇年に開催された日本万国博覧会の情景が再現され昭和のヒーローアニメや少女アニメが楽しめるのです。懐かしさのあまりこの世界に囚われマインドコントロールされ仕事や家事育児を一切放棄し二〇世紀博の建物へさらわれる大人たち。残されたしんちゃんたちは大人を取り返すべく奮闘するのです。この作品の傑作な点。それは〝臭い〟です。昭和という時代を生きた人々や街が醸し出す〝臭い〟。それを集め凝縮し、世界へ放ち、昭和を再現しようとする、いわば全世界昭和化計画。そんな無茶なと思うかもしれませんが、私は〝臭い〟という発想に思わず膝を打ちました。かつて私が暮らした街には〝臭い〟が満ちていました。街角のごみ箱の臭い、澱んだ川の臭い、部活の仲間の体臭など異臭や悪臭も含め、生きている証として〝生活臭〟が充満していたのです。〝無味無臭化〟〝好臭化〟がますます加速している現代。臭いがないバーチャルな世界でのアバター同士など〝非人間化する〟他者との繋がりが孕む本質的な問題性を気づかせてくれる意味深い作品です。『映画クレヨンしんちゃん　嵐を呼ぶアッパレ！　戦国大合戦』（二〇〇二年）、『河童のクゥと夏休み』（二〇〇七年）、『カラフル』（二〇一〇年）、『百日紅～Miss HOKUSAI～』（二〇一五年）、『かがみの孤城』（二〇二二年）も深い感動を与えてくれます。

夭折した今敏。『千年女優』（二〇〇一年）『東京ゴッドファーザーズ』（二〇〇三年）『パプリカ』（二〇〇六年）など傑作があります。『東京ゴッドファーザーズ』を改めて見て、今敏の才気に驚嘆しました。

『東京ゴッドファーザーズ』
権利元：株式会社ソニー・ピクチャーズ エンタテインメント
発売・販売元：株式会社ハピネット・メディアマーケティング

クリスマスの夜、捨て子を拾うホームレスと〃おかま〃と家出少女。父親と対立し父親を刺し家出した少女、ギャンブルで家族を崩壊させたホームレス、かつてゲイバーで活躍していた〃おかま〃、少年たちのホームレス狩りといった残酷で厳しい現実も含め、捨て子をめぐり大晦日から新年まで三人が出会う事件や奇跡がジェットコースターの〃速度〃で展開する物語の面白さに魅了され、私は、そんな無茶な、そんな都合がいいはずがないと口走る暇もありません。映画のヒロインを演じ続けてきた大女優の回想を、息をつかせず描いていく『千年女優』での場面展開の〃速度〃もすばらしいのです。

『時をかける少女』（二〇〇六年）。『サマーウォーズ』（二〇〇九年）。『バケモノの子』（二〇一五年）。『竜とそばかすの姫』（二〇二一年）など優れた作品を制作し続けている細田守も大好きな作家です。時間的未来、人工知能が創り出すヴァーチャル世界、人間ならざる者が暮らす異世界に翻弄されながらも、愛する人が暮らす現在や未来を懸命に救おうとする主人公が活躍するファンタジー。見た後私の心はじんわりと熱くなっているのです。人間が直接対面することがない異世界であろうと、私たちが失ってはならないものがある。それは他者との直接的な繋がりなのです。そんなメッセージが細田の作品には響き続けています。

水滴や光、影がここまで美しく描けるのかと感動したのが新海誠の作品です。『ほしのこえ』（二〇〇二年）、『雲のむこう、約束の場所』（二〇〇四年）、『秒速5センチメートル』（二〇〇七年）、『言の葉の庭』（二〇一三年）、『君の名は。』（二〇一六年）、『天気の子』（二〇一九年）、『すずめの戸締り』（二〇二二年）といずれもすばらしい作品です。

聖地巡礼と地域へ与える力

優れた必見の作品はもっと多くあり、毎年新たに製作されています。こうしたアニメの多くは現実に存在する地域を詳細に描き、そこにファンタジーを乗せているのです。作品に魅了された私たちは具体的な地域や場所、建物を訪れたく思い〝聖地巡礼〟は起こります。かつて岩手県花巻市を旅した時、驚いたことがありました。胡四王山にある宮沢賢治記念館を訪れ、山を下り、道路の角にあるコンビニに駐車したのですが、なんとそこにブドリとネリの像が置かれていたのです。私は、キャラクターの原案を描いたますむらひろしの別のマンガ『アタゴオル』シリーズをこよなく愛しており、彼が描く猫キャラクターに魅了され続けています。宮沢賢治の原作『グスコーブドリの伝記』（杉井ギサブロー監督、二〇一二年）も当然見ていました。ブドリとネリの像が何の説明もなく駐車場の片隅にポツンと置かれているのを見て、〝聖地巡礼が過ぎ去った後の寂しさ〟を私は感じていたのです。沖浦啓之『ももへの手紙』（沖浦啓之監督、二〇一二年）瀬戸内海・大崎下島。『心が叫びたがってるんだ。』（長井龍雪監督、原作超平和バスターズ、二〇一六年）埼玉県秩父市。『夜は短し歩けよ乙女』（湯浅政明監督、二〇一七年）祇園、鴨川、下鴨神社など京都市内。『ひるね姫〜知らないワタシの物語〜』（神山健治監督、二〇一七年）岡山県倉敷市児島・下津井。いずれの作品も地域の情景が美しく詳細に描かれています。舞台となった地域にアニメはどのような影響を与えているのでしょうか。架空の設定ではなく、アニメが実在の地域を描くこと。これもまた私たちの〝人や社会を想う力〟に確実にエネルギーを与えてくれているのです。

映画を読み解く社会学の楽しみは、さらに未来へ続きます。

くまさんのさらなるこだわり映画リスト

●人種差別問題を考える

『私はあなたのニグロではない』（ラウル・ペック監督、二〇一六年）

黒人作家ジェームズ・ボールドウィンの同名作品のドキュメンタリー化。差別や排除、弾圧があたりまえだった六〇年代に暗殺された三名の黒人活動家、メドガー・エヴァース、マルコムX、マーティン・ルーサー・キング牧師の生きざまを描く本作品は「時代の証言」だ。「わたしはニガーではない」という最終章。ボールドウィンは黒人差別の本質を淡々と語りかける。「すべてはアメリカ国民次第です。私はニガーではない。白人がニガーを生み出したのです。何のために？　それを問えれば未来はあります。」

『デトロイト』（キャスリン・ビグロー監督、二〇一七年）

一九六七年、デトロイトで起こったアメリカ史上最大の黒人暴動。差別主義で凝り固まった警官が犯した黒人三名の殺人に対し、白人ばかりの陪審員は正当防衛だと無罪の判決を下す。事実に基づいていると思うが「差別主義の犯罪は、結局より大きな差別主義で見逃されていく」というアメリカの〝常識〟が確認されるだけで不条理感がぬぐえない。事実とは異なってもいいから、差別主義の警官たちに相応の罰を下すラストが見たかった。

『夜の大捜査線』（ノーマン・ジュイソン監督、一九六七年）

旅の途中、アメリカ南部の小さな町の駅に降り立った黒人刑事が主人公だ。その夜に起きた殺人事件を捜査していた警官は、駅で彼の姿を見て逮捕してしまう。すぐに誤認逮捕だとわかるが彼の上司から依頼があり黒人刑事は殺人事件の捜査を手伝うことになる。露骨に差別する町の人々に毅然として立ち向かい犯人をつきとめる黒人刑事の姿。捜査につきあううちに自らの偏見のおかしさに気づいていく警官。公民権運動の大きなうねりがあった当時のアメリカで大ヒットした娯楽作品だ。

◎障がい者問題をさらに考える

『エレファント・マン』（デイヴィッド・リンチ監督、一九八〇年）

異様な外見をもつ主人公ジョン・メリック。彼は「エレファントマン（象男）」として見世物にされていた。医学的興味で研究材料としてメリックを病院の一室に引き取る医師。メリックを見て驚くが彼もまた人間であることがわかり同情を寄せていく看護師など。驚き、嗤いの対象、同情・憐れみの対象としての障がい者イメージが満載の作品だ。私は、デイヴィッド・リンチ監督作品は大好きなのだが、傑作の一つだと考えている。

『チョコレート・ドーナツ』（トラヴィス・ファイン監督、二〇一二年）

ナイトクラブで女装し歌い踊るルディ。ゲイを隠して生きる弁護士ポール。彼らはカップルだ。ルディは母親から世話を放棄されたダウン症の少年マルコと出会う。マルコを見過ごせない彼らは、三人で幸せな家庭を築き始める。マルコの大好物はチョコレート・ドーナツだ。その後親権を盾に裁判を起こすマルコの母親。親権を重視する法律とゲイに対する偏見が彼らの家庭を引き裂いていく。母親の元に戻されたマルコがルディたちと暮らした「おうち」を求めて夜さ迷い歩き亡くなるラストは悲しく、怒りに満ちている。

『グレイテスト・ショーマン』（マイケル・グレイシー監督、二〇一七年）
一九世紀半ばのアメリカ。「史上最大のショー」興行師P・T・バーナムの半生をもとにしたミュージカルだ。珍しく変わったものを見るのが好き。差別感や嫌悪、侮蔑、憐憫がないまぜになった民衆の欲望を満たそうとバーナムは異形の人や障がいある人などユニークな人、オンリーワンの個性を持つ人を集め、ショービジネスを始める。彼らのダンスや歌は素晴らしい。彼らは隠され排除され疎んじられた存在だ。でも彼らが自信を持ち歌い踊るとき、民衆の差別や偏見は意味を失っていく。この映画のテーマ。それは人間としての誇りだ。

『こんな夜更けにバナナかよ』（前田哲監督、二〇一八年）
筋ジストロフィーで首と手しか動かせない鹿野靖明。彼は介助なしでは生きられない存在だ。でも彼は多くのボランティアたちと自分の人生を生き切った。介助者の一人が執筆した同名作品が原作だ。そこには鹿野をいかに介助したのかだけでなく、介助した自分や仲間がいかに人間として輝き豊かになっていったのかが書かれている。映画では、悩みを抱え、周囲を偽りながら生きていた二人の男女がボランティアとして鹿野と関わり、鹿野の助けを借りながら、人間として成長し愛情を確かめ合う物語が中心となっている。

『聲の形』（山田尚子監督、二〇一六年）
小学校時代、耳の聞こえない転校生硝子の補聴器を奪い、捨て、壊すという「いじめ」を繰り返した主人公将也。その後彼は硝子に謝罪したいと手話も覚えていた。人が人を傷つけるとき、傷つける行為をした本人も同じ傷で苦しめられる。傷を癒すには本気で相手に向き合い謝罪を伝えきらなければならない。いじめや差別、傍観、無視がいかに人と人の繋がりを台無しにしてしまうのか。自分が犯した過ちに向き合うしんどさを超えていくとき、私たちは再び人と繋がれる喜びと出会えるのか。澄んだきれいな作品だ。

『最強のふたり』（E・トレダノ／O・ナカシュ監督、二〇一一年）

映画の原題はIntouchables。顔以外の動きがすべて奪われた重度の身体障がい者と彼を介護する社会下層で生き働く機会をも奪われた黒人青年という〝差別、排除された二人〟が主人公だ。なぜ「最強」なのか。確かに二人が差別を軽やかにはねのけ生きていく姿を見て、「強いなぁ」と思うだろう。しかし映画が伝えるのはいくら「最強」であろうと理解しあえるのはお互いだけだという〝孤独〟だ。だからこそ黒人青年が重度の障がいをもつあなたにも自分以外に共に生きる存在がいるとわからせるラストシーンの意味は深い。

◎在日朝鮮人問題をさらに考える

『チルソクの夏』（佐々部清監督、二〇〇三年）

一九七七年、韓国釜山と下関での親善陸上競技大会。仲良し4人組の女子高校生が釜山へ行き、郁子が同じ走り高跳びでアンと出会う。メールもケータイもなかった当時、二人は手紙を書く約束をし、織姫と彦星のように次の大会で再開しようとチルソクの約束をかわす。映画は当時下関にあった在日や韓国人への偏見を描き出す。なぜ郁子の父親は韓国人を嫌うのか。理由は語られることはない。生きる辛さや苦しみに息づいている偏見やフォビア。なぜそうなるのか。説明を映画はしない。このリアルさがとてもいい。

『ディア・ピョンヤン』（ヤン・ヨンヒ監督、二〇〇五年）

一九六〇年代、在日朝鮮人の間で北朝鮮への帰国事業があった。当時「至上の楽園」である祖国へ多くが帰っていった。しかし現実は楽園などなく過酷な生活が待っていたという。監督の三人の兄弟も父親の思想に従い祖国へ帰った。父親は大阪で朝鮮総連幹部として運動活躍した存在だ。監督にとって最も理解しがたい最愛の父親の人生をわかりたいという思いがドキュメンタリーを貫いている。

『かぞくのくに』（ヤン・ヨンヒ監督、二〇一二年）

『かぞくのくに』は、北朝鮮に帰国していた兄が戻ってくるストーリーだ。彼の脳には腫瘍があり期間限定で日本に来て診察治療するという。常に兄の動向を見張る監視役。再会を喜ぶ家族。旧友たちとも再会し昔を懐かしむ兄。旧友の一人が根掘り葉掘り北朝鮮での暮らしや様子を尋ねるが曖昧に笑い答えない兄。国家という壁が厳然と存在し彼らの繋がりを妨げている。いったい「くに」とは何なのか。日本人の在日への差別を主題とした映画はたくさんある。しかしこの作品は確実に異質だ。在日朝鮮人に固有の問題があり怒りがある。家族を分断して平然としている「くに」の不条理さへの怒りが主題なのである。

◎部落差別問題をさらに考える

『人間の街――大阪・被差別部落――』（小池征人監督、一九八六年）

結婚差別の現実。事実確認会で部落に対する象徴的な偏見を語る男性の声。自分の思いを書いた文書を読み上げる差別を受けた女性の語り。部落差別は差別を受ける人間も差別する人間も確実に傷つけていく。そんな痛みを映像が突きつける。松原市更池にあると畜場。牛が解体されていく映像。小さな包丁一本で見事に皮をはいでいく男性。「牛の鳴き声以外はすべて無駄にしない」という職人の誇りと生命へのいたわりが伝わってくる。誇りをどう持つかは自分が考えるべきや。男性の率直な語り。四〇年前のドキュメンタリー。単なる過去の記録映像ではない。今一度、「今、ここ」で確認すべき声であり姿だ。

『人間みな兄弟――部落差別の記録――』（亀井文夫監督、一九六〇年）

部落問題を考えるとき、国家が問題解決の基本を示した同和対策審議会答申（一九六一年）の意義を検討することは重要な課題である。もちろんこうした法的な措置だけで差別の現実を根本的に変革することはできない。しかし法的措置は生活環境面や教育などで差別解消に寄与したことは確かだ。答申が出る前年に制作された作品には国家が放置していた部落差別の現実が端的に描かれている。なぜ解放運動が必須だったのかを考え、問題や運動を新たに認識し理解するうえでこのドキュメンタリーはみる価値がある。

○スクールカーストを考える

『桐島、部活やめるってよ』(吉田大八監督、二〇一二年)

高校バレー部で活躍する桐島。彼はスポーツ万能、勉強も「できるやつ」だ。スクールカーストの頂点にたつ桐島が突然部活を辞め学校に姿を見せなくなる。桐島がいなくなり彼の周辺にいる人間の繋がりに亀裂が入り日常が波立っていく。ラスト近く桐島に翻弄された上位の人間たちが校舎屋上で映画部の撮影に闖入し撮影に巻き込まれるシーンは秀逸だ。ゾンビを演じる下位の映画部男子たちが上位の人間たちを襲う。下位と上位が見事に転倒しカーストが霧散してしまう。「闘おう、ここがおれたちの世界だ。おれたちはこの世界で生きていかなければならないのだ」。ゾンビの反乱を撮り終えた後、確認される映画のセリフだ。生きづらさが充満している学校の日常。でも桐島がいようといまいと学校で生きざるを得ないのだ。見ているみんなはどうする? そんなメッセージが伝わってくる。

○台湾の歴史を考える

『セデック・バレ』(ウェイ・ダーション監督、二〇一一年)

四時間半という長さで一九三〇年に起きた「霧社事件」を描く。台湾中部山岳地帯に住む狩猟民族セデック族、彼らは「狩り場」を持ち「狩り場」を守ることは部族の男たちの義務であり誇りだ。出草《しゅっそう》という首狩りのシーンに私たちは驚くかもしれない。しかしそれは呪術的な意味をもつ重要な生活の一部なのだ。彼らを野蛮で未開だと決めつけ日本語や生活習慣を強要する日本人。「狩り場」を奪われ、言葉を奪われ、誇りを奪われ、日本人警官から侮蔑され見下される彼ら。鬱積した怒りが日本人の運動会への襲撃を機に大きな武力蜂起となっていく。

「狩り場」を縦横に走る誇り高き男たちの姿や部族の日常、事件の背景や原因、実際の蜂起、日本軍による徹底した弾圧を映画は迫力ある映像で描いていく。『餘生～セデック・バレの真実』（タン・シャンジュー監督、二〇一三年）。このドキュメンタリーは霧社事件以降の彼らがどう生きたのかを追い、現代にとっての事件がもつ意味を問い直す。映画とあわせて見るべきだろう。

『湾生回家』（ホァン・ミンチェン監督、二〇一五年）

湾生とは、戦前の台湾に生まれ育った約二〇万人の日本人をさす。彼らは日本から公務員、警察官、企業の駐在員として、また農業従事者として移民した人々の子孫だ。そして太平洋戦争終結後、彼らのほとんどは中華民国政府の方針により、日本へ強制送還された。しかし彼らの故郷は台湾であり、彼らの心は常に台湾に向かう。一人一人の〝故郷台湾と自分〟の物語があることをドキュメンタリーは丁寧に見つめていく。

『台湾人生』（酒井充子監督、二〇〇八年）

台湾の現代史に翻弄されたのは湾生だけではない。本作品では統治下で日本教育を受けた〝日本語世代〟に焦点があてられる。「二〇歳まで日本人だった」と語る女性。「男だったら特攻に志願した」と彼女は語り、台湾人の国建国をめざし運動を続けている。少数民族パイワン族出身の男性。台湾総督府と二二八記念館でボランティア解説員をしている男性。戦争中は、日本兵として日本の為に戦った彼ら。日本人でないという理由で何の戦後補償もない。彼らの複雑な思いをドキュメンタリーは少しでも掬いとろうとする。

◎優れたSF映画から考える

『わたしを離さないで』（マーク・ロマネク監督、二〇一〇年）

ノーベル文学賞作家カズオ・イシグロのベストセラーの映画化。ヘールシャム寄宿学校。外界から隔絶され厳格な教師の教えと管理のもとで子どもたちが暮らしている。臓器移植医療が進んだ社会では安定した臓器「提供」が必要だ。彼らはそのためだけに生まれてきた特別な存在だった。彼らの出自が語られることはない。「オリジナル」を探そうとする彼らの姿。どのような経緯で彼らは創造されたのか。臓器「提供」する人間を育てる「倫理」とは何なのか。そもそも彼らは「人間」と言えるのか。静かな映像を見ながら、問いが次々にわいてくる不思議な魅力に満ちた作品だ。

『ガタカ』（アンドリュー・ニコル監督、一九九七年）

遺伝子操作が自由にでき遺伝子による序列が厳格に守られる社会。そこでは科学が差別を正当化する。人工授精ではなく自然な性交と分娩で生まれた主人公ビンセントは「不適正者」であり下層階級に位置づけられる。宇宙開発を進める「ガタカ」ビルを清掃する彼。でも彼は宇宙飛行士になりたいのだ。「エリート」が悲運に見舞われたとき、彼らの遺伝子は高値で取引される」。事故で障がいを負ったエリートと取引し、尿、血液など体組織の提供をうけ彼はエリートになりすます。〝なりすまし〟がばれた映画のラスト。「不適正者」だとわかりながらも彼を黙認し微笑む検査医師。人間管理へ抵抗する人間的な微笑だ。

◎家族を考える

『ハッシュ！』（橋口亮輔監督、二〇〇一年）

三〇歳をすぎたゲイの直也と勝裕。人間関係を諦め自暴自棄な毎日を送っている朝子。彼女は直也と勝裕と出会い生き直す可能性を見出していく。二人の関係を壊すつもりはない。ただ子どもがほしく子育てを共同でしたい。朝子の唐突な申し入れが直也と勝裕にも大きな影響を与えていく。伝統的な男女の恋愛観、家族、嫁の姿など因習的な力が朝子の思いに対峙する。スポイトを子づくりするという朝子。スポイトで受精できるのか。そんなことはどうでもいいことだろう。朝子の思いをファンタジーとリアルの境界において置く道具であればいいのだから。見事なファンタジーだ。でもこれは家族や子育てという親密な関係とは何かを考えることができる優れたファンタジーだ。

○高度成長期日本を考える

『日本万国博』（谷口千吉監督、一九七一年）

一九七〇年大阪・千里丘陵で開催された日本万国博覧会の記録映像だ。開催期間中、日本の半分の人口にあたるのべ六千万人以上の人が入場した巨大なイベントだった。世界各国の生活や文化が紹介されたパビリオンや企業パビリオンの展示、お祭り広場で開催された世界各国の日のお祭りなど、万国博という会場で何を見て、何を聞き、何を体験できたのかがわかる。「人類の進歩と調和」というテーマが意味を持っていた時代の記録だ。

『超高層のあけぼの』（関川秀雄監督、一九六九年）

日本初の超高層ビル、霞が関ビルディングを建設するための技術開発や建設作業中の苦労などを描いた産業映画。人口が集中する東京での都市問題を解決するためには超高層ビルの建設が必須だった。ただ時間が限られた工期の中で、どのように効率よく超高層ビルを建設していくのか。耐震性に優れたビルの設計、H字鋼の開発など新技術、合理的な施工方法などが描かれ、現在の超高層ビル建設の礎を確認することができる。

『三池～終わらない炭鉱の物語～』（熊谷博子監督、二〇〇五年）

石炭から石油へ。日本のエネルギー政策が転換する中、炭鉱は閉山していった。日本有数の炭鉱三池で人々はどのように生き働いてきたのか。彼らの語りは炭鉱の過酷な労働だけでなく囚人労働、強制連行、労働争議、炭塵爆発事故など〝負の遺産〟と言われる事実をも照らし出す深く重い証言なのだ。誇り高く生きてきた彼らの証言をもとに三池炭鉱の歴史を描き出すドキュメンタリー。それは単に炭鉱の歴史ではなく日本が歩んだ戦争と平和の道そのものだと監督は語っている。

◎原発・原子力を考える

『祝の島』（纐纈《はなぶさ》あや監督、二〇一〇年）

一九八二年に山口県上関町に原発建設計画が持ち上がる。予定地の対岸にある祝島。そこでは自然と共に生きてきた人々の暮らしがある。以来ずっと島の人々は原発建設反対運動を続け、毎週一回原発建設反対の声をあげ島の通りをデモして歩く。犬までもが原発反対のハチマキをして続く。「海と山さえあれば生きていける。だからわしらの代で海は売れん」という素朴な語り。政治的イデオロギーではない。暮らしを守り後世に残したいという熱く深い思いが反対運動を支える原動力だ。年配の男女がぽつりと語る。金で人間関係がめちゃくちゃにされるのはこりごりだと。漁業補償という名で国策や経済優先で武装された金が人間関係を壊し生活も環境も壊していく。これほどの暴力があるだろうか。

『ミツバチの羽音と地球の回転』（鎌仲ひとみ監督、二〇一〇年）

持続可能な社会の実現を考えるために、脱原発を国家で決めたスウェーデンの現実が紹介される。スウェーデンでは電力は自由化され自分の意志で電力会社を選べる。環境問題を本気で考えた自然エネルギーによる電力会社への人気が高いという。東京電力福島第一原発事故を経験してもなお国策として原子力発電を拡大し続ける日本との落差に改めて驚く。東京など大都会の電力を周縁地域の原発でまかなうという構図。これは明らかに地域への差別だ。この構図を崩すための模索も紹介されている。福島原発事故から時間が過ぎていくほどに鈍くなっていく私たちの日常感覚を再度研ぎ澄ますためにも必見だ。

『100000年後の安全』（マイケル・マドセン監督、二〇〇九年）

原発から出る高レベル放射性廃棄物。安全な処分法などあるのだろうか。フィンランドでは固い岩盤を地中深く削り永久地層処分場が建設され稼働している。そこは一〇万年保持されるよう設計されているという。廃棄物が一定量に達すると施設は封鎖され二度と開けられることはない。でもそれを誰が保障できるだろうか。日本でも〝核のゴミ〟処分が大きな問題となっている。人間が管理できないエネルギーとしての原子力。それがいかに危ういものなのか実感できるだろう。

●新藤兼人という監督がいた

『原爆の子』（一九五二年）

アメリカの占領統治が終わり、初めて製作された原爆映画。被爆後数年経ち広島を訪れる保育園の教師。教え子や友人を訪れ、被爆の現実が描かれていく。象徴的に描かれる原爆投下のシーンなど〝被爆の悲惨、残酷〟が十分に描かれていないと批判を受け、日教組が中心となり翌年『ひろしま』（関川秀雄監督）が製作される。しかし原爆被害を受けた人間的苦悩や悔しさ、怒りはしっかりと描かれており『原爆の子』と『ひろしま』は被爆問題を考えるうえで必見の作品だ。当時の広島の街の映像も貴重だ。

『第五福竜丸』（一九五九年）

一九五四年三月一日、第五福竜丸事件が起きた。焼津港出港、太平洋での操業、水爆実験との遭遇、帰港、マスコミ報道、東京での船員たちの治療、久保山愛吉の死まで、事件の流れを丁寧にドキュメンタリータッチで描いていく。事件を知りすぐに映画化しようと決めた新藤はやはりすごい。『原爆の子』ではフィクションの中に原爆被害者や被爆建造物の事実を描いていたが、この作品はまず事実をきちんと描くことが第一だった。儲かるはずのない企画に資金を出さない映画会社。新藤は思いを共有する役者たちと膨大な借金と手弁当で映画を仕上げる。まさに〝芸術的文化運動〟の成果だ。

『さくら隊散る』(一九八八年)

戦況が深刻となり挙国一致体制で芸術文化まで統制された日本。自由な活動は封殺され、演劇を続けるには翼賛的な移動演劇隊に入るしかない。丸山定夫も「さくら隊」を結成。中国地方支部に属し広島に駐在して中国地方を巡演した。被爆するまでの行程が描かれ、八月六日の朝、広島市内「さくら隊」の常駐地にいた九名のうち五名は即死。四名は逃れたが三週間以内に原爆症で斃れる。宮島に逃れた丸山定夫。仲間の懸命な介抱もむなしく容態が急変し体中に斑点が出て髪の毛が抜けてしまう。真っ黒な血を吐き丸山はこときれる。宝塚の知人宅へ逃れた園井恵子と高山象三。彼らも斃れていく。東京の実家へ戻れた仲みどり。体調が崩れ東大病院を訪れ入院し治療を受ける彼女。日々悪化し彼女も亡くなる。標本室が写り原子爆弾傷と書かれた二個の瓶。彼女の肺と骨髄が保存されている。

◎大林宣彦という監督がいた

『野ゆき山ゆき海べゆき』(一九八六年)

大林映画の重要なテーマは戦争だ。ただ大林は戦時下の日常、戦争を人々はどのように体験し感じていたのかをユーモアを添えて詩的に描き出す。この映画には「日本娯楽大叙事詩(なつかしおもしろものがたり)」というコピーがつけられている。戦争や戦時下の時代を回顧するのは、悲しくつらく、痛烈な自己批判を伴う。しかし同時にそれは当時の日本の愚かさを懐かしく面白く思い起こさせるものでもある。戦争の暗い影が徐々に日常を覆いつつあった時代、瀬戸内のとある町では子どもも大人も無邪気に戦争を語り、戦争にあこがれていた。ラストが象徴的だ。〝いたずら〟が見事に成功し帽子を一斉に投げ上げ喝采する子どもたち。一転し、きのこ雲が画面いっぱいに出て「野ゆき山ゆき海べゆき」の詩がかぶさる。実際の戦争が、無邪気に戦争を語り、楽しみ、あこがれる日常までも完璧に消し去ったということだろう。

『この空の花　長岡花火物語』（二〇一二年）

この映画の主人公は長岡と戦争だ。長岡は連合艦隊司令長官山本五十六の故郷だ。模擬原子爆弾が投下され堤防に惨状を告げる碑が立っている。空襲で大量の焼夷弾が落とされ、防空壕も役に立たず多くの命が奪われた。慰霊のため毎年長岡花火が開催されている。地元新聞が「まだ戦争には間にあう」という戦争体験の語りの特集を組んだ。大林は、長岡の歴史的事実と体験者の語りを交錯させ見事なファンタジーをつくりあげる。長岡空襲を再現する劇を作る高校生たち。焼夷弾が降り注ぎ、家屋が焼け落ちていく。防空壕は何の役にも立たず逃げた人々の地獄が大林の映像マジックで見事に描き出されていく。それは先の特集で語られた体験としっかりと繋がっている。だからこそ映像の見事さに感銘を受けながら私たちは事実の重みを感じることができる。

『海辺の映画館――キネマの玉手箱――』（二〇一九年）

抗がん剤治療で劇的に回復した大林のエネルギーがほとばしる遺作だ。尾道の瀬戸内キネマが閉館を迎える。最後のプログラムが「日本の戦争映画大特集」だ。戦争に人生を翻弄される象徴〝紀子〟。彼女を救うために三人の青年たちが映画の世界へと入り込んでしまう。戦争映画のワンシーンなのか実際の戦争の情景なのかがわからなくなりフィクションと現実の境界が崩れていく。中原中也の詩に導かれながら、戦争の不条理を奔放な映像マジックを駆使して描き出す〝速度〟に驚嘆した。ただその〝速度〟に映画への想い、戦争への思い、もっと撮りたかった作品への思いなど限りなく溢れ出る情念をこの作品に詰め込まざるを得なかった大林の〝無念〟を私は感じるのだ。

○黒木和雄という監督がいた

『美しい夏キリシマ』（二〇〇二年）

一九四五年夏。すでに沖縄は陥落し南九州の霧島地方にはグラマンの編隊が悠然と飛んでいく。あのグラマン、ほんと馬鹿にしとるよのう、という台詞が印象的だ。黒木監督の原体験をもとにしたフィクション。主人公の中学生康夫は、軍需工場の強制動員で敵機の空襲にあい九死に一生を得ている。ただ目の前で級友が倒れ、頭が割れ脳しょうが噴き出す姿に恐怖を抱き一目散に逃げ出したことが大きなトラウマとなっている。ただ霧島の夏を過ごす人々の日常に具体的な戦闘はどこにもない。あるのは人間の欲であり情愛であり戦争に由来する不幸を生きている人々の姿だ。終戦の玉音放送があり宮崎にも進駐軍がやってくる。竹やりをもって進駐軍に突っ込む康夫。軽くあしらわれるが「殺せ！」と叫び何度も突っ込もうとする。兵士が空に向けて撃つ一発の銃声で我にかえる康夫。映画のラスト、見捨てた級友の妹が元気に子守をしている姿が印象深い。

『TOMORROW　明日』（一九八八年）

八月九日午前一一時二分、長崎浦上上空でアメリカが投下した原子爆弾がさく裂する。その一日前からさく裂の瞬間まで人々はどのように日常を暮らしていたのか。井上光晴の小説『明日』をもとに「明日」が突然奪われるなど思いもしない人々の日常が淡々と描かれる。原爆さく裂に向けての秒読みのような音楽。何も変わらない日常、八月九日を迎え、一一時二分。長崎上空に真っ白な閃光が走りさく裂する原爆の実験映像が重なり映画は終わる。私が印象に残ったのはもう一つの日常だ。食べ物を乞う朝鮮人工員が露骨に差別され腐ったものを投げつけられる。捕虜にも食料をと懇願する俘虜収容所の軍属。店主から嫌味を言われ食料ももらえず、病気の捕虜は亡くなってしまう。朝鮮人や捕虜を差別し排除する日常も当時「あたりまえ」にそこにあった。

『紙屋悦子の青春』（二〇〇六年）
黒木監督の遺作。病院の屋上、老夫婦がベンチに座り、昔を思い出す。昭和二〇年、春。鹿児島の田舎町に主人公悦子は兄夫婦と住んでいる。ある日悦子に見合い話が持ち上がる。兄の後輩、海軍少尉明石が悦子を見初めた友人永与を紹介したのだ。悦子は明石に好意を抱いているが、特攻に志願した明石は、兄と悦子に別れを告げにやってくる。話を聞き驚き台所へ去り泣き崩れる悦子の声。明石は自分のかわりに信頼できる永与に悦子の幸せを託したのだ。後日、永与は特攻に出る直前明石が託した手紙を悦子に届けに来る。兄夫婦が食事をする卓袱台。土間の台所、客間。客間から見える庭の桜の木、玄関先、玄関先から見える堤防。堤防を越えやってくる明石と永与。映画が描く世界はこれだけだ。余計な設定をすべてそぎ落とし戦争が与えた不幸と青春の日常を描く秀作だ。

◉戦争娯楽映画をさらに考える

『太平洋奇跡の作戦キスカ』（丸山誠治監督、一九六五年）
昭和一八年に実際にあったキスカ島守備隊五二〇〇名の撤収作戦。孤立した守備隊を救出するため濃霧に身を隠し静かにキスカ島をめざす艦隊の姿、臆病で優柔不断だと言われながらも確実な撤収機会を狙う艦長の苦悩など。勇ましい戦闘などない戦争娯楽映画だ。いかにして敵に気づかれず撤収できるか。緊迫感やスリルが満ちたシーンが続く。撤収作戦は成功し将兵全員を収容しキスカ島を去る艦隊。「その後凡そ半月、百隻の艦隊支援のもとに陸兵三万五千の上陸を敢行した米軍は二昼夜に亘って同志討ちを演じた結果、キスカ島には犬二匹以外日本軍は一兵もいないことを知った。」玉砕を避け、島に孤立した大量の将兵を救い、敵を出し抜くという史実を描いた稀有な戦争娯楽映画なのである。

『人間魚雷　あゝ回天特別攻撃隊』（小沢茂弘監督、一九六八年）

人間魚雷開発秘話。戦闘形態が変わり無用の長物と化していた巨大な九三式魚雷。「憂国」に燃える大尉が体当たり兵器として改良する案を考える。彼は上層部を説得し人間魚雷回天を認めさせる。魚雷にすぎない回天に操作性を求めるのは無理だ。発進までの複雑な操作や発進後航行の安定などすべて猛訓練と精神で乗り切れという。回天を開発した大尉は訓練中の事故で亡くなり遺志を継ぐ若者たちが遺骨を胸に抱き回天で出撃する。映画のラスト。回天碑をバックに乃木将軍が詠んだ歌が朗々とうたわれる。公開当時観客は「憂国」に涙していたのだろうか。鶴田浩二は「憂国」の軍人より任侠の世界がはるかに似合う。

『真夏のオリオン』（篠原哲雄監督、二〇〇九年）

太平洋戦争末期、イ号潜水艦が人間魚雷回天を載せてアメリカの戦艦や輸送船団を襲う。艦長の言動は常に穏やかで思慮深い。「いいか、人間は兵器じゃない。俺たちは死ぬために戦っているんじゃない。生きるために戦ってるんだ。人間の命は一つだ。もったいない。」彼は回天を出撃させず残りの魚雷一本で敵艦に向かう。最後の魚雷を敵の駆逐艦に命中させるが傷ついたイ号は潜航できず敵艦の目の前に浮上する。日本の無条件降伏が伝えられ敵艦で歓声があがる。イ号に降伏を促す発光信号。艦長を慕う女性がお守りとして書いた「真夏のオリオン」の歌詞と楽譜。それがイ号を救い乗組員の命を救うのだ。生きるために戦うが決して無為な死はしない。戦争が終わればもう戦う必要もない。息詰まる戦闘でも人間性を失わず冷静に判断をする艦長や乗組員の姿から特攻という狂気がくっきりと浮かび上がる。愛する人のもとへ帰ってきた艦長の笑顔が印象的なラストシーンだ。

『アルキメデスの大戦』（山崎貴監督、二〇一九年）

超ド級の巨大戦艦建造をめぐり海軍内対立や選定をめぐる陰謀を描くフィクションだ。なぜ巨大戦艦は必要なのか。〝負け方〟を知らない日本人に〝負け〟を実感させるため、つまり沈められるためにこそ巨大戦艦は必須なのだと真剣に語る将校の姿は、なかなか驚きだった。沖縄に向けて海上特攻し沈没した戦艦大和。その事実を予見するかのように理屈を語る海軍将校の姿は思い切りフィクショナルなのだが同時にとてもリアルだった。太平洋戦争における非情や不合理、矛盾がすでに今多く語られ描かれている。現代的な戦争解釈や戦争批判に裏打ちされた〝つくりごと〟だからこそ、より面白く、リアルなのだろう。

◎沖縄をさらに考える

『激動の昭和史　沖縄決戦』（岡本喜八監督、一九七一年）

沖縄戦を描く娯楽映画。沖縄を見捨てる大本営勝手な語り。壕の奥深くで地図を広げゲーム感覚で〝机上の空論〟をする作戦将校たちの姿。実際に戦い命を落としていく最前線の日本兵。南風原の陸軍病院壕で懸命に看護するひめゆり部隊や医師、看護婦の姿などが対照的に描かれていく。陸軍病院壕では大量の負傷兵が運び込まれる。治療もままならず狭い壕の様相。映画では臭いは再現できないが、血や膿、汗。十分な換気もできない壕の〝空気〟は想像を越える地獄だったろう。沖縄固有の破風墓の前で一心不乱に踊る老女を長く映し出すラストシーン。向かい来る米軍戦車を前に老婆は踊り続ける。正気を失っているのか正気を保った極限での抵抗の姿なのか。それまでとは異質な幻想的なシーン。このシーンで何を伝えたかったのだろうか。「米軍戦車」は日本軍も含めた戦争そのものの象徴で、それが沖縄を蹂躙し破壊したことへの怒りではないか。本作は戦争を描く大衆娯楽映画だ。ただ沖縄戦の責任はどこにあるのかは明快に描いている。

『生きろ　島田叡《あきら》――戦中最後の沖縄県知事――』（佐古忠彦監督、二〇二一年）

太平洋戦争末期、沖縄県知事が本土へ逃げ帰る。今沖縄に行けば二度と戻れない。死を覚悟し代わりの知事の命令を受ける島田。なぜかと問う妻に誰か他の人を死なせるようなことはしたくないと。内務官僚の鏡のような存在だ。赴任した島田は官僚として陸軍に従いながらも県民の命を守ろうと奔走する。鉄血勤皇隊を編成せざるをえない。だが島田は「勝つためには協力するけれども、鉄血勤皇隊は戦闘要員ではない」と中学校の卒業式に訓示をする。陸軍の無法に怒り住民の命を最後まで守ろうとした島田の姿が証言から浮かび上がる。

◎認知症・高齢者介護を考える

『毎日がアルツハイマー1』『毎日がアルツハイマー2』（関口祐加監督、二〇一二年、二〇一四年）

ネバー、ネバー、ネバー、ギブアップ！ 見終わった後、娘であり監督である関口祐加さんの元気で軽妙な叫びが私の耳の奥でしっかりと響いている。娘は認知症になった母を最後まで見守ろうとカメラを向けアルツハイマーを生きる母の姿を映しとる。娘のホンネの言葉やナレーションが面白い。記憶の部分が損傷されて人間の脳の五％にすぎず残りの九五％は普段通りに機能しているのだ。だから物忘れで苦しんだり悩んだりするのは病気の症状ではなく普通の人間としての姿なのだという医師の説明と娘とおしゃべりし愚痴をいい自分の姿を批判する母の語りが見事に響き合う。確かにこの作品は娘が撮った認知症の母のドキュメントだ。しかしそれ以上に何とも言えないセンスが満ち溢れた芸術的作品を見ているような気になる。パート2のイギリス編も必見だ。

あとがき

私はこれまでよく大学の授業で映画やドキュメンタリーを見せてきました。

　最近、学生が普通に使うある言葉にいろいろと考えてしまいました。「先生、来週は動画を見るんですか」「先週見た動画のことなんですけど」。〝動画？〟。聞いた瞬間、私は首を傾げてしまいました。「動画じゃなくて、映画でありドキュメンタリーでしょ」。こう答えても、学生はなんのことを言っているのか、わからない様子でした。

ＴｉｋＴｏｋなどスマホに氾濫している動画アプリ。スマホ画面で見ることができるドラマや映画、スポーツなど。確かに彼らにとって、スマホ画面上で〝動いている映像〟はすべて動画なのでしょう。ここまで私たちの身体と日常言語がスマホに飼い慣らされてしまっているのかと私は改めて驚いています。

この本を読まれてどう感じられたでしょうか。

私がこの本でもっとも気をつけた点はただ一つです。それはそれぞれの作品をめぐる文章を読まれて、もしまだ見ていないとすれば、見たいと思ってもらえることであり、すでに見た作品であれば、もう一度見直してみたいと思われることです。私の文章を読まれ「ぜひ、この映画、このドキュメンタリーを実際に見てみたい」という気持ちがみなさんの心の中に生じてくれれば、これほどうれしいことはありません。

さてこの本は、大学での専門科目である「映画を読み解く社会学」の副読本として使いたいと考え、つくりました。もちろんそれだけではありません。授業の副読本としてだけではなく、できるだけ多くの人々に読んでほしいと思っています。映画が好きな人はもちろんのこと、大学での授業やゼミ、中学高校での授業で資料として活用してほしいし、大学生や中高生にもぜひ読んでほしいです。できるだけ多くの市民にも手に取ってほしいし、そのためにも中高校、大学の図書館、自治体の図書館にもぜひ入れてほしいと願っています。

ところで、なぜ「くまさん」なのでしょうか。実は私は若い頃からパートナーや子どもたちから「くまさん」「くま！」と呼ばれてきたのです。おそらくは家でのそのそ動き回る様子から「くま」なのかもしれませんが、親戚の娘さんが小さい頃、私の名前が本当にクマオだと思っていたと少し大きくなってから言われたことがあり、大笑いでした。

私はこの愛称が気に入っており、これまでいくつかの雑誌で「くまさんのシネマめぐり」「くまさんの本の森」「くまじろーのシネマ社会学」というタイトルで映画や本を紹介するコラムを書いてきています。そしてこの本はこれまで書いてきたコラムから生まれたのです。

読まれておわかりだと思いますが、この本は決して完結してはいません。もっと多くのテーマで紹介したい映画やドキュメンタリーがあるし、この本が手がかりとなり、さらに社会問題や生きづらさ、人間のありようなどを考える深い作品と出会っていってほしいと考えています。さらなるテーマで〝続編〟〝新編〟を出すことができれば、これほどうれしいことはありません。

今回、晃洋書房の山本博子さんにお世話になりました。なんとかして出したかったのですが、これまでなかなか実現できなかったこの企画を真剣に説明したところ、私の思いを懐深く受けとめていただき、とてもいい本に仕上げていただきました。私自身、これまで多くの出版社の優れた素敵な編集者との出会いから多様な作品を生み出すことができています。今回新たにそうした出会いに恵まれたこと、感謝します。山本博子さん、本当にありがとうございました。

二〇二四年八月

好井裕明

本文初出一覧

SCENE1　書き下ろし
SCENE2　「くまさんのシネマめぐり」第五回、『福音と世界』二〇二〇年五月号、四四―四七頁、新教出版社
SCENE3　「くまさんのシネマめぐり」第一三回、『福音と世界』二〇二一年一月号、五〇―五三頁、新教出版社
SCENE4　「くまさんのシネマめぐり」第二二回、『福音と世界』二〇二一年一〇月号、五〇―五三頁、新教出版社
「文化・メディアにおける障害者表象をめぐって」『福祉労働』一六一号、二〇一八年、八―一二頁、現代書館
「くまさんのシネマめぐり⑧」『支援』九巻、二〇一九年六月、二二〇―二二一頁、生活書院
SCENE5　「くまさんのシネマめぐり」第八回、『福音と世界』二〇二〇年八月号、四四―四七頁、新教出版社
「文化・メディアにおける障害者表象をめぐって」『福祉労働』一六一号、二〇一八年、八―一二頁、現代書館
SCENE6　「くまさんのシネマめぐり⑬」『支援』一四巻、二三六―二三七頁、二〇二四年六月、生活書院
SCENE7　「くまさんのシネマめぐり」第一八回、『福音と世界』二〇二一年六月号、五四―五七頁、新教出版社
SCENE8　「くまさんのシネマめぐり」第一四回『福音と世界』二〇二一年二月号、五〇―五三頁、新教出版社
SCENE9　「くまさんのシネマめぐり」第一五回『福音と世界』二〇二一年三月号、五〇―五三頁、新教出版社
「ドキュメンタリーと語り――『水俣曼荼羅』」『語りの地平　ライフストーリー研究』八巻、二〇二三年一一月、一五六―一六〇頁、日本ライフストーリー研究所
SCENE10　「くまさんのシネマめぐり」第一一回『福音と世界』二〇二〇年一一月号、四四―四七頁、新教出版社
SCENE11　「くまさんのシネマめぐり」第四回『福音と世界』二〇二〇年四月号、四四―四七頁、新教出版社
SCENE12　「くまさんのシネマめぐり」第一回『福音と世界』二〇二〇年一月号、四二―四五頁、新教出版社
SCENE13　「くまさんのシネマめぐり」第一六回、『福音と世界』二〇二一年四月号、五〇―五三頁、新教出版社

※DVDソフトの商品情報は、本書刊行当時のものです。

《著者紹介》

好 井 裕 明（よしい　ひろあき）

1956年大阪市生まれ。東京大学大学院社会学研究科博士課程単位取得満期退学。筑波大学、日本大学を経て、2023年４月より摂南大学現代社会学部特任教授。京都大学博士（文学）。主要著作に『排除と差別のエスノメソドロジー』（共著、新曜社、1991年)、『エスノメソドロジーの現実』（編著、世界思想社、1992年)、『批判的エスノメソドロジーの語り』（単著、新曜社、1999年)、『フィールドワークの経験』（共編、せりか書房、2000年)、『差別と環境問題の社会学』（共編、新曜社、2003年)、『社会学的フィールドワーク』（共編、世界思想社、2004年)、『繋がりと排除の社会学』（編著、明石書店、2005年)、『「あたりまえ」を疑う社会学』（単著、光文社、2006年)、『差別原論』（単著、平凡社、2007年)、『ゴジラ・モスラ・原水爆』（単著、せりか書房、2007年)、『違和感から始まる社会学』（単著、光文社、2014年)、『差別の現在』（単著、平凡社、2015年)、『戦争社会学』（共編著、明石書店、2016年)、『「今、ここ」から考える社会学』（単著、筑摩書房、2017年)、『他者を感じる社会学』（単著、筑摩書房、2020年)、『「感動ポルノ」と向き合う』（単著、岩波書店、2022年)、『原爆映画の社会学』（単著、新曜社、2024年)、『ボーダーとつきあう社会学』（共編著、風響社、2024年）など。

くまさんのこだわりシネマ社会学

2024年10月20日　初版第１刷発行　　＊定価はカバーに表示してあります

著　者　好 井 裕 明©
発行者　萩 原 淳 平
印刷者　江 戸 孝 典

発行所　株式会社　晃 洋 書 房
〒615-0026　京都市右京区西院北矢掛町７番地
電話　075（312）0788番㈹
振替口座　01040-6-32280

装丁　吉野　綾　　印刷・製本　共同印刷工業㈱

ISBN978-4-7710-3876-9